2022—2023年中国工业和信息化发展系列蓝皮书

2022—2023年
中国消费品工业发展蓝皮书

中国电子信息产业发展研究院　编　著

秦海林　主　编

代晓霞　李博洋　副主编

电子工业出版社·
Publishing House of Electronics Industry
北京·BEIJING

内 容 简 介

本书基于全球化视角，从 2022 年全球及我国消费品工业的整体发展态势入手，详细介绍了我国消费品工业重点行业、典型地区、典型园区、重点企业的发展状况，梳理并剖析了国家相关政策对消费品工业发展的影响，研判了 2023 年我国消费品工业及其细分行业的发展走势。本书共包括综合篇、行业篇、区域篇、园区篇、企业篇、政策篇、展望篇 7 篇。

本书可为政府部门、相关企业，以及从事相关政策制定、决策管理和咨询研究的人员提供参考，也可以供高等院校相关专业的师生及对消费品工业感兴趣的读者阅读。

图书在版编目（CIP）数据

2022—2023 年中国消费品工业发展蓝皮书 / 中国电子信息产业发展研究院编著；秦海林主编. —北京：电子工业出版社，2023.12

（2022—2023 年中国工业和信息化发展系列蓝皮书）

ISBN 978-7-121-47013-4

Ⅰ. ①2… Ⅱ. ①中… ②秦… Ⅲ. ①消费品工业－工业发展－研究报告－中国－2022-2023 Ⅳ. ①F426.8

中国国家版本馆 CIP 数据核字（2024）第 004016 号

责任编辑：王天一
印　　刷：北京虎彩文化传播有限公司
装　　订：北京虎彩文化传播有限公司
出版发行：电子工业出版社
　　　　　北京市海淀区万寿路 173 信箱　　邮编：100036
开　　本：720×1 000　1/16　印张：9.25　字数：178 千字　彩插：1
版　　次：2023 年 12 月第 1 版
印　　次：2023 年 12 月第 1 次印刷
定　　价：218.00 元

凡所购买电子工业出版社图书有缺损问题，请向购买书店调换。若书店售缺，请与本社发行部联系，联系及邮购电话：（010）88254888，88258888。

质量投诉请发邮件至 zlts@phei.com.cn，盗版侵权举报请发邮件至 dbqq@phei.com.cn。

本书咨询联系方式：wangtianyi@phei.com.cn。

前　言

　　消费品工业是国民经济和社会发展的基础性、民生性、支柱性、战略性产业，涵盖了轻工、纺织、医药、食品等工业门类。改革开放 40 多年来，我国消费品工业稳步、快速发展，规模持续扩大，结构不断变化，技术装备水平稳步提高，产品质量水平持续提升，培育了一大批国内外知名品牌，已经建成较为完善的产业体系，国际化程度日趋加深。我国已成长为世界消费品制造和采购中心，对国内外消费需求的保障和引领作用进一步增强。

　　2023 年是"十四五"规划承前启后的关键之年，也是消费品工业稳增长、深入实施"三品"战略的关键一年。后疫情时代，在国外市场需求不振、国内产业结构调整等多重因素的影响下，我国消费品工业实现平稳运行，生产、出口、投资、消费等主要经济指标较 2022 年稳步提升，部分细分行业的发展水平已达到或超过新冠疫情前同期水平。

　　进入 2023 年，我国消费品工业发展面临的形势更加复杂。国际方面，主要经济体的疫情依然存在，叠加区域冲突等不确定因素增多，大宗产品的贸易走势和部分供应链环节面临调整，消费需求普遍不足，出口形势不容乐观；国内方面，国家财政扶持政策更加细化，特别是针对中小企业，促消费、稳增长的系列举措落地见效，有助于推动消费品工业平稳发展。

为全面把握过去一年我国消费品工业的发展态势，总结和评述消费品工业领域的一系列重大问题，中国电子信息产业发展研究院在积极探索实践的基础上，继续组织编写了《2022—2023 年中国消费品工业发展蓝皮书》。本书共包括综合篇、行业篇、区域篇、园区篇、企业篇、政策篇、展望篇 7 篇。

综合篇：从整体、区域和国家重点行业 3 个层面分析了 2022 年全球消费品工业发展情况，从发展情况、存在的问题两个维度分析了 2022 年我国消费品工业发展情况，并提出相关对策与建议。

行业篇：选取纺织工业、医药工业、食品工业和锂电储能产业四大行业，从运行、效益及重点领域/重点产品（部分行业）3 个维度分析行业发展态势，剖析存在的突出问题。

区域篇：以典型地区为切入点，分析 2022 年我国主要地区消费品工业发展情况，重点分析各地区的运行情况，并总结和归纳各地区消费品工业的发展经验、启示与建议。

园区篇：从园区基本情况、典型经验做法、园区龙头企业 3 个维度入手，介绍园区建设的典型模式，并总结其成功经验。

企业篇：选取轻工、食品、医药、电池等行业中发展较好，具有代表性的几家企业，就其企业概况、发展战略、启示与借鉴进行了分析和整理。

政策篇：梳理并总结了 2022 年我国消费品工业领域出台的重点政策，介绍了各行业政策的主要内容和发力点，分析了政策对行业未来发展的影响。

展望篇：首先，梳理了国内主要研究机构对 2022 年全球消费品工业发展形势的研判；其次，从整体、重点行业两个方面对 2023 年我国消费品工业的发展形势进行研判。

2022 年，我国消费品工业发展面临下行压力，但也不乏机遇和有利因素。为推动消费品工业高质量发展，我国必须全面贯彻党的二十大精神，坚持稳中求进工作总基调，坚持扩大内需的战略基点，立足新发展阶段，以供给侧结构性改革为主线，以深化"三品"专项行动为抓手，着力推进5 个方面的工作：一是持续扩内需促消费，释放内循环市场潜力；二是推进绿色低碳转型，增强产业内生发展动力；三是深入实施"三品"战略，落实《数字化助力消费品工业"三品"行动方案（2022—2025 年）》；四是稳定出口贸易，更好地利用国内和国际两个市场，加快推动双循环发展格局的构建；五是加大扶持力度，促进中小企业持续健康发展。

《2022—2023 年中国消费品工业发展蓝皮书》践行国内国际双循环、消费升级、绿色消费等理念，为我国消费品工业可持续发展提供了实践指导和研究支撑。本书的出版将有利于深化业界对消费品工业各行业的认识，有利于推动消费品工业向高质量、绿色化、数字化方向发展。由于消费品工业包含的行业众多，国家间、行业间、地区间的差异大，需要深入探讨和专题研究的问题很多，因此本书的疏漏和不足之处在所难免，希望读者不吝批评指正。

中国电子信息产业发展研究院

目 录

综合篇

行业篇

企业篇

政策篇

展望篇

综合篇

第一章

2022 年全球消费品工业发展情况

第一节 产业发展整体态势

一、消费品工业发展整体态势

2022 年，新冠疫情在全球蔓延，同时，产业发展面临能源价格高企、全球利率上升、原料及中间产品供应链中断等问题，导致投资信心减弱和订单的不确定性增大，一些经济体特别是欧洲国家的制造业发展面临的不稳定性增加。从整体来看，2021—2022 年，全球制造业的复苏态势较 2019—2020 年明显，季度生产指数始终保持在 120 以上。

从主要经济体的制造业生产水平来看，中国在 2020 年下半年已成功恢复至新冠疫情暴发前的水平，2021 年制造业主要行业的生产水平较新冠疫情暴发前普遍高出 10%以上，2022 年生产增长有所放缓（季度增速分别为 4.5%、2.4%、3.3%、2.3%）。新兴经济体及其他发展中国家的制造业生产水平在 2021 年年初基本恢复至新冠疫情暴发前的水平，部分国家的制造生产水平在 2021 年第二、第三季度再次下跌至新冠疫情暴发前的水平以下；2022 年生产增长整体较为平稳，季度增速保持在 2% 以上，其中越南、印度尼西亚、马来西亚的第四季度增速分别达到 11.2%、5.2%、4%，呈现良好的发展态势。在发达国家中，北美洲、欧洲的国家受俄乌冲突、通胀高企等因素的影响明显，2022 年保持较低增速，美国、加拿大的第四季度增速分别为 0.7%、1.5%；欧洲地区的第四季度增速为 1.6%，其中英国、德国、意大利的第四季度增速分别为 -5.5%、-0.4%、-0.2%。

从消费品工业的具体行业来看，随着全球多数国家和地区的生产/生活在 2021 年第一、第二季度逐步恢复至较高水平，主要行业的生产增速普遍恢复较快，其中由于疫情防控需要，医药工业的增速持续领跑整个消费品工业，食品、饮料等行业呈稳健增长态势；2021 年第三、第四季度，主要消费品工业的生产增速则普遍回落。进入 2022 年，全球消费品工业发展面临下行压力，主要行业的生产普遍保持较低增速，其中 2022 年第四季度，纺织、木材加工、造纸及纸制品、家具等行业呈现负增长。

展望 2023 年，随着新冠疫情不再构成国际关注的突发公共卫生事件，世界各国居民的消费加快恢复，保持经济平稳运行、畅通国际产业链供应链、进一步提振消费成为各经济体的重点工作任务；同时，消费品工业发展面临国际经贸规则重构、区域局部冲突复杂演变等不确定性因素的影响，其中与生产/生活场景全面恢复、旅游出行回暖等相关的社交需求型消费品将维持较好的增长态势，从整体来看，消费品工业发展承受的压力仍旧较大。

二、全球消费者信心情况

与 2021 年相比，2022 年主要经济体消费者信心指数的月度波动更加明显。2022 年，美国全年消费者信心指数延续 2021 年的下降态势，年内总体呈现"两度升降、总体趋降"态势，2022 年的消费者信心指数月度指数平均值较

2021 年降低 21.2 个点，2022 年 12 月的消费者信心指数较 1 月下降 4.2 个点，受通胀高企、新冠疫情反复等因素的影响，消费者信心指数普遍下降。欧盟 27 国消费者信心指数呈持续低迷态势，2022 年各月消费者信心指数维持在-29.8 和-10.7 之间，消费者信心指数月度指数平均值较 2021 年降低 14.2 个点，其中 3 月的消费者信心指数大幅下降至-22.5，3—12 月连续 10 个月的消费者信心指数保持在-20 以下，未能实现年内反弹。日本全年消费者信心指数在 2020 年达到近 20 年最低水平，2021 年的消费者信心指数月度指数平均值较 2020 年增长 5.2 个点，但 2022 年再次下降，消费者信心指数月度指数平均值较 2021 年降低 4.1 个点，2022 年全年各月度消费者信心指数的差异不大，总体平稳。2022 年，中国经济有力应对诸多超预期因素的冲击，国内生产总值同比增长 3%，总量突破 120 万亿元大关，国内消费品产品供给充足，网络、实体消费均实现较好发展；由于新冠疫情的冲击，4 月消费者信心指数出现较大幅度下降，2022 年的消费者信心指数月度指数平均值为 95，较 2021 年降低 26 个点，消费者信心指数有望在 2023 年快速恢复。2022 年 1—12 月主要经济体消费者信心指数的变化情况如图 1-1 所示。

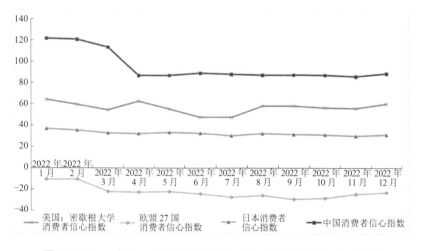

图 1-1　2022 年 1—12 月主要经济体消费者信心指数的变化情况
资料来源：Wind 数据库，2023 年 5 月

第二节　发达国家发展情况

一、发达国家消费品工业发展整体态势

2022 年，发达国家制造业生产增速较 2021 年有所下降，季度环比增速分别为 1.3%、−0.1%、0.7%、−0.5%。在主要消费品行业中，食品、饮料等行业保持平稳增长态势，纺织、木材加工、造纸及纸制品、家具等行业保持明显负增长态势。随着疫情防控态势的转变，医药行业 2021 年的高增速明显回落，从 2022 年第四季度来看，医药行业、饮料行业分别同比增长 3.9%、1.9%，增速分别高于制造业 2.6、0.6 个百分点；其他消费品行业的增速低于制造业或保持负增长态势，其中家具行业、纺织行业、服装行业的同比降幅分别为 6.6%、5.1%、5.1%。

二、美国提振消费发展的相关举措

自新冠疫情暴发以来，美国先后实施了 5 轮财政刺激计划，累计投入资金约 5.8 万亿美元。随着疫情防控形势发生变化，美国投入资金的结构从以增加防疫预算、居民补贴、稳定就业环境为主，向以支持居民消费、发展美联储工具、刺激生产端等为主转变，致力于提振居民消费、刺激政府投资消费，以便拉动生产消费的全面恢复。2021—2022 年，美国全部制造业的工业生产指数由 2021 年第一季度的 97 提升至 2022 年第四季度的 101（见表 1-1），从主要消费品行业来看，除饮料、皮革、医药等少数行业外，多数行业的提振效果有限。美国通胀持续高企成为影响该国生产消费进一步恢复的主要矛盾之一，2022 年 1—12 月，美国的 CPI（Consumer Price Index，消费者物价指数）同比增速保持在 6.5% 以上，其中 6 月达到

9.1%，为近 40 年的最高水平。美国的咨询公司 Gartner 的调查结果显示，2022 年约 28% 的美国消费者计划减少假期预期支出，同时，绝大多数预期支出增加的消费者是由于考虑到了通货膨胀因素。

表 1-1　2021—2022 年美国主要消费品行业工业生产指数的变化情况

（经季节性调整，2015 年为 100）

行业	2021年第一季度	2021年第二季度	2021年第三季度	2021年第四季度	2021年全年	2022年第一季度	2022年第二季度	2022年第三季度	2022年第四季度	2022年全年
食品	107	106	105	106	106	108	108	107	107	108
饮料	96	98	100	102	99	102	102	104	104	103
烟草	92	89	90	87	89	88	88	80	79	84
纺织	85	87	86	88	86	87	85	82	80	83
服装	79	81	84	84	82	81	82	85	87	84
皮革	91	93	94	90	92	92	98	101	98	97
木材加工	106	106	106	107	106	109	109	106	102	107
造纸及纸制品	93	94	94	93	94	95	96	91	87	92
印刷和记录媒介复制	88	90	91	93	90	93	94	93	93	93
橡胶和塑料制品	99	98	100	101	100	103	104	104	102	103
医药	104	108	110	111	108	110	111.2	113	117	113
家具	87	87	88	89	88	92	91	89	87	90
全部制造业	97	98	99	100	99	102	102	102	101	102

资料来源：UNIDO Statistics，2023 年 5 月。

2022 年 8 月，拜登政府签署《2022 年削减通胀法案》，主要涉及税制改革、能源安全与气候变化、医药健康等主题。《2022 年削减通胀法案》维持了拜登政府不对年收入低于 40 万美元的家庭征税的承诺，致力于进一步降低美国家庭成本，使龙头企业和富人阶层缴纳更为公平的税，削减政府财政赤字。《2022 年削减通胀法案》涵盖支出和收入两大方面，支出总额约为 4370 亿元，收入总额约为 7370 亿元，削减财政赤字约 3000 亿元。84% 的支出用于和能源安全与气候变化相关的投资，包括实施家庭（特别是低收入群体）能源退税与清洁能源税收抵免、清洁能源制造业税收抵免，以及推进企事业单位、社区、农村能源清洁化与环境建设等举措；增加收入主要通过增加税收和进行处方药定价改革来实现，如实施对年利润超过 10 亿美元的企业征收 15% 的最低企业所得税、对股票回购征收 1% 的消费税、通过处方药定价改革节省 2650 亿美元的支出等举措。

三、英国提振消费发展的相关举措

英国政府曾出台多项财政政策，通过加强公共卫生支持、实施薪资补贴、减轻居民负担等举措，进一步提振居民消费预期、拉动实体经济回暖。2021—2022 年，在英国主要消费品行业中，皮革、家具、饮料等行业的工业生产指数增幅较大，食品、烟草、印刷和记录媒介复制、医药等行业的工业生产指数总体保持稳定，服装行业的工业生产指数仍然较低，造纸及纸制品、橡胶和塑料制品等行业的工业生产指数呈下降态势，如表 1-2 所示。

2022 年 9 月，英国财政大臣公布关于实施大规模减税的计划。该计划致力于以减税等方式帮助英国在中期内实现 2.5% 的经济增速，具体举措包括永久性降低买房印花税、取消国民保险费用上调、将企业所得税税率维持在 19%（G20 成员的最低水平）、降低个人所得税基本税率至 19%、计划取消对高收入者征收 45%的附加税、冻结能源价格上限、冻结酒精税、在各地成立"投资区"为企业提供减税支持、重新为海外游客提供免税购物服务等。根据预测，到 2026—2027 财年，系列举措的实施将使英国税收总额累计减少超过 450 亿英镑，这将是近半个世纪以来英国政府推出的最大规模的减税措施。

表 1-2　2021—2022 年英国主要消费品行业工业生产指数的变化情况
（经季节性调整，2015 年为 100）

行业	2021年第一季度	2021年第二季度	2021年第三季度	2021年第四季度	2021年全年	2022年第一季度	2022年第二季度	2022年第三季度	2022年第四季度	2022年全年
食品	134	137	137	138	136	139	139	135	134	137
饮料	90	108	109	110	104	107	105	104	103	105
烟草	90	108	109	110	104	107	105	104	103	105
纺织	104	114	111	107	109	107	104	104	100	104
服装	69	73	72	77	73	70	72	66	63	68
皮革	96	108	107	107	104	115	126	133	145	130
木材加工	142	143	136	132	138	140	135	133	131	135
造纸及纸制品	125	126	123	122	124	117	110	106	104	109
印刷和记录媒介复制	101	105	107	110	105	110	110	105	98	106
橡胶和塑料制品	103	103	102	99	102	97	92	90	89	92
医药	116	114	117	128	119	110	112	111	126	115
家具	117	122	135	129	126	136	132	132	121	130
全部制造业	116	118	117	115	116	114	112	109	109	111

资料来源：UNIDO Statistics，2023 年 5 月。

四、欧盟国家提振消费发展的相关举措

自新冠疫情暴发以来，欧盟的财政政策侧重于实施企业就业补助、推动开展产业投资、支持产业升级，相关行业的生产复苏总体较快。2022 年，欧盟 27 国的国内生产总值同比增长 3.6%，超过近 20 年的平均增速。根据各国统计机构已发布的数据，欧盟 27 国除爱沙尼亚外，2022 年的国内生产总值均实现正增长，其中爱尔兰、葡萄牙、克罗地亚、希腊等国的增速较快，分别为 12%、6.7%、6.3%、5.9%。

2022 年，欧盟地区的生产消费受通胀导致的基本消费品价格上涨、能源供给问题等因素的影响较大，其中欧元区的 CPI 同比增速保持在 9% 以上，月度指数屡创欧元区成立以来的最高纪录。根据有关统计，为应对俄乌冲突带来的能源供给问题，欧盟国家已累计拨款超过 6000 亿欧元，其中德国拨款超过 2600 亿欧元。此外，为应对中长期能源危机，2022 年 10 月，欧盟委员会发布"能源系统数字化行动计划"，预计在 2030 年前投资超过 5600 亿欧元，用于发展光伏和新能源汽车等产业、加大能源基础设施建设。各国出台进一步的财政政策，旨在改善通胀高企现状，促进生产消费恢复。例如，意大利政府 2022 年预算法案提出，对收入不超过 1.5 万欧元/年、在 1.5 万 ~ 2.8 万欧元/年之间的个人分别给予 100 欧元、1200 欧元津贴，拨款 38 亿欧元用于削减居民的电费和天然气费用，将塑料税和糖税推迟到 2023 年实施，拨款约 30 亿欧元用于社会支持等。

五、日本提振消费发展的相关举措

2021—2022 年，日本主要消费品行业工业生产指数恢复较慢，总体保持较稳定的水平（见表 1-3），消费品工业生产增长和居民消费增长乏力。

根据日本总务省的数据，2022 年东京都除生鲜食品外的 CPI 上涨率为 2.2%，超过日本央行既定的 2% 目标。

表 1-3　2021—2022 年日本主要消费品行业工业生产指数的变化情况

（经季节性调整，2015 年为 100）①

行业	2021年第一季度	2021年第二季度	2021年第三季度	2021年第四季度	2021年全年	2022年第一季度	2022年第二季度	2022年第三季度	2022年第四季度	2022年全年
食品	97	97	96	97	97	96	95	97	95	96
饮料	97	97	96	97	97	96	95	97	95	96
烟草	97	97	96	97	97	96	95	97	95	96
纺织	79	80	82	81	80	82	80	81	80	81
服装	79	80	82	81	80	82	80	81	80	81
皮革	60	58	58	57	58	58	61	62	64	61
木材加工	97	103	105	102	102	100	102	100	91	98
造纸及纸制品	90	92	91	92	91	92	91	90	89	90
印刷和记录媒介复制	76	76	74	74	75	74	75	74	73	74
橡胶和塑料制品	100	100	97	98	99	99	96	97	96	97
医药	97	101	100	101	100	100	102	102	101	101
家具	92	94	92	90	92	87	91	92	92	91
全部制造业	96	96	95	95	96	96	93	99	96	96

资料来源：UNIDO Statistics，2023 年 5 月。

2021 年以来，为落实日本首相岸田文雄力倡的"新资本主义"及其他相关战略，促进日本经济社会重回增长轨道，日本政府推出一系列举措。

---

① 日本食品行业、饮料行业、烟草行业的数据由 UNIDO 在同一门类进行统计和测算。

2021 年 11 月，日本内阁会议确定了总额为 55.7 万亿日元的财政支出计划。2022 年 10 月，日本首相岸田文雄宣布将实施总额为 71.6 万亿日元的经济刺激政策，刷新历次经济刺激计划的财政支出最高纪录，其中 12.2 万亿日元主要用于补贴电费、抑制石油价格上涨，致力于将国内 CPI 降低 1.2 个百分点，以便降低物价上涨对消费者和生产企业的影响；同时，投入的资金将被用于系统应对日元大幅贬值、刺激入境旅游、增强产品出口、为企业提供更多激励措施以提高工资水平、吸引制造业工厂回流等，致力于解决日元走软及通胀上升困局，推动日本经济重回增长轨道。

第三节　新兴经济体及其他发展中国家的发展情况

2022 年，新兴经济体及其他发展中国家的制造业生产水平快速恢复。其中，第三、第四季度的增速分别为 5.2%、3.5%，均高于全球平均水平 2 个百分点，分别高于发达国家水平 3.1、3.2 个百分点；季度同比增速与 2021 年呈现的较大波动态势相比，更加平稳。

从主要消费品行业来看，2022 年，印刷和记录媒介复制行业、服装行业、皮革行业、饮料行业保持较快增长，与疫情防控相关的医药行业的增速呈现高位回落态势，家具行业、木材加工行业、纺织行业呈现负增长态势。从第四季度的情况来看，印刷和记录媒介复制行业、皮革行业、饮料行业、服装行业分别同比增长 10.5%、7.1%、5.2%、5%，呈现较好的发展态势。受部分地区疫情散发拉动，医药行业同比增长 10.7%，原料型加工行业的增速较低或保持负增长态势，其中木材加工行业、造纸及纸制品行业、橡胶和塑料制品行业的降幅分别为 6.3%、3.6%、2.3%，家具行业保持低迷，降幅为 10.1%。

第二章

2022 年中国消费品工业发展情况

第一节　发展情况

一、运行情况

（一）生产平稳恢复

2022 年，消费品工业规模以上企业的工业增加值同比增长 1.8%，轻工业、烟草行业的工业增加值分别同比增长 2.4%、7%，纺织行业的工业增加值、医药行业的工业增加值在 2021 年较高基数的基础上有所下降，分别同比下降 1.9%、1.5%。从细分行业来看，食品制造业、酒饮料和精制茶制造业、化学纤维制造业的工业增加值增长较快，增速分别为 2.3%、6.3%、1.1%。家具制造业的工业增加值同比下降 6.7%，消费需求有待进一步提振。从产量绝对值来看，在消费品行业 40 种主要产品①中，14 种产品的产量实现同比增长。其中，鲜冷藏肉、化学药品原药、电动自行车的产量增速较快，分别同比增长 7.6%、16%、9%；家电类产品的产量较前两年疫情物资储备驱动下的较高基数明显下降，除房间空气调节器、家用洗衣机、家用燃气热水器外均有所下降，其中家用冷柜（家用冷冻箱）、家用吸尘器的降幅较大，分别同比下降 23.1%、27.5%。

2022 年我国消费品工业工业增加值的累计增速如图 2-1 所示。

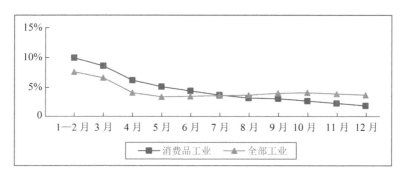

图 2-1　2022 年我国消费品工业工业增加值的累计增速
资料来源：国家统计局，2023 年 2 月

---

① 消费品行业 40 种主要产品包括精制食用植物油、成品糖、鲜冷藏肉、乳制品、白酒（折 65 度，商品量）、啤酒、葡萄酒、饮料、纱、布、绒线（俗称毛线）、毛机织物（呢绒）、蚕丝、蚕丝及交织机织物（含蚕丝量≥50%）、非机织布（无纺布）、服装、家具、机制纸及纸板（外购原纸加工除外）、纸制品、化学药品原药、中成药、化学纤维、人造纤维（纤维素纤维）、合成纤维、塑料制品、两轮脚踏自行车、电动自行车、钟、表、家用电冰箱（家用冷冻冷藏箱）、家用冷柜（家用冷冻箱）、房间空气调节器、家用电风扇、家用吸排油烟机、电饭锅、微波炉、家用洗衣机、家用电热水器、家用吸尘器、家用燃气热水器。上述 40 种产品是从"主要工业产品产量汇总表（220 种产品）"中的消费品工业生产产品中筛选出的，覆盖消费品工业大类行业，重点考虑鲜冷藏肉、纱、布、合成纤维等反映下游加工市场需求的原料型产品，化学药品原药、中成药、乳制品、食用植物油等居民生活保障及防疫重点产品，服装、纸制品、塑料制品等反映大类行业生产能力的产品，葡萄酒、电动自行车等反映居民消费升级趋势的产品这四大类产品。

（二）投资动能全面恢复

在一系列政策的支持下，供应链产业链逐步畅通，市场消费信心得到提振，消费品工业投资动能呈现全面恢复态势。2022 年，消费品工业主要行业固定资产投资额均呈现正增长（见图 2-2）。其中，除造纸及纸制品业、印刷和记录媒介复制业、橡胶和塑料制品业、纺织业、医药制造业外，其他行业均高于制造业平均水平。轻工业的固定资产投资额的增长势头良好，皮革毛皮羽毛及其制品和制鞋业、木材加工及木竹藤棕草制品业、文教工美体育和娱乐用品制造业的固定资产投资额的增速均超过 15%。纺织工业的投资稳健向好，纺织服装服饰业、化学纤维制造业的固定资产投资额分别同比增长 25.3%、21.4%。食品工业三大子行业的固定资产投资额均较好地增长，其中酒饮料和精制茶制造业的固定资产投资额增长了 27.2%。医药制造业的投资热度较 2021 年有所下降，但仍保持正增长趋势，固定资产投资额同比增长 5.9%。

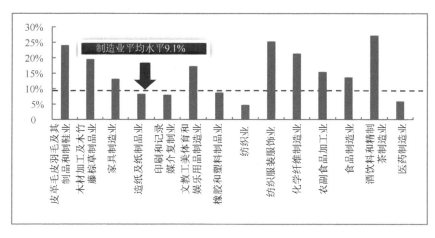

图 2-2　2022 年消费品工业主要行业固定资产投资额的增速

资料来源：国家统计局，2023 年 2 月

（三）外贸出口稳健增长

2022 年，消费品工业实现出口交货值 40 499.2 亿元，同比增长 0.2%。在海外食品需求拉动及价格通胀的影响下，食品工业三大子行业的出口交货值的增长较快，农副食品加工业、食品制造业、酒饮料和精制茶制造业的出口交货值分别同比增长 6%、15.7%、8.9%（见图 2-3）。在轻工业、纺织工业中，在海外制造业生产恢复的带动下，原料型产品出口需求进一步增长，造纸及纸制品业、化学纤维制造业的出口交货值分别同比增长 30.2%、23.4%（见图 2-3）。因前两年的基数较高，医药工业出口交货值的增速有所下降，同比下降 16.4%，其中生物药品制品制造业由于受 2021 年疫苗出口高基数的影响，出口交货值的下降幅度较大，同比下降 64.4%。

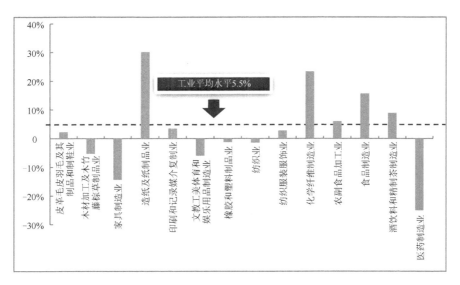

图 2-3　2022 年消费品工业主要行业出口交货值的增速
资料来源：国家统计局，2023 年 2 月

（四）国内消费需求回升

2022 年，全国社会消费品零售总额为 439 732.5 亿元，受第二、第四

季度消费负增长的影响，同比下降 0.2%，在 17 个限额以上单位产品零售类别①中，8 个类别保持正增长。从具体类别来看，基本生活类产品的零售额保持增长态势，粮油食品类、饮料类、中西药品类产品的零售额分别同比增长 8.7%、5.3%、12.4%（见图 2-4）。受新冠疫情的影响，社交需求类产品的零售额有所下降，服装鞋帽针纺织品类、化妆品类产品的零售额分别同比下降 6.5%、4.5%（见图 2-4）。从销售渠道来看，网络消费持续较快发展，实物产品的线上零售额为 114 741 亿元，同比增长 6.2%，占社会消费品零售总额的比例提升至 26.1%，其中吃类、穿类、用类产品的零售额分别同比增长 16.1%、3.5%、5.7%。

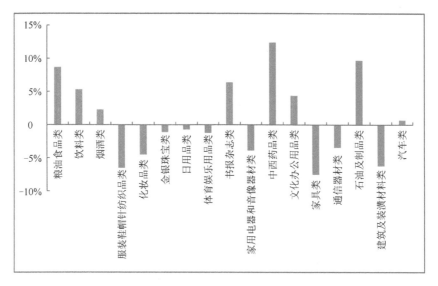

图 2-4　2022 年全国社会消费品零售总额中限额以上单位产品零售额的增速
资料来源：国家统计局，2023 年 2 月

---

① 根据国家统计局的数据，17 个限额以上单位产品零售类别包括粮油食品类、饮料类、烟酒类、服装鞋帽针纺织品类、化妆品类、金银珠宝类、日用品类、体育娱乐用品类、书报杂志类、家用电器和音像器材类、中西药品类、文化办公用品类、家具类、通信器材类、石油及制品类、建筑及装潢材料类、汽车类。

二、效益情况

（一）营业收入利润率整体下降

2022 年，消费品工业规模以上企业的营业收入为 341 508.3 亿元，同比增长 3.8%；利润总额为 239 58.4 亿元，同比下降 4.8%；营业收入利润率为 7%，高于全部工业 0.9 个百分点；以占全部工业 20.3% 的资产，完成 24.8% 的营业收入和 26.9% 的营业利润。受大宗原料、能源价格持续高位震荡的影响，企业经营处于"增收不增利"状态。2022 年，轻工业的营业收入利润率为 6.3%，与 2021 年基本持平，其中，轻工业（不含食品）的营业收入利润率为 5.9%，同比提高 0.1 个百分点；食品工业的营业收入利润率为 7%，同比提高 0.3 个百分点；纺织工业、医药工业的营业收入利润率分别为 3.9%、15.2%，分别同比降低 1.2、5.5 个百分点（见图 2-5）。从细分行业来看，降幅较大的行业包括造纸及纸制品业、医药制造业、化学纤维制造业，其营业收入利润率分别由 2021 年的 5.8%、21.3%、6.2% 下降至 2022 年的 4.1%、14.7%、2.2%。

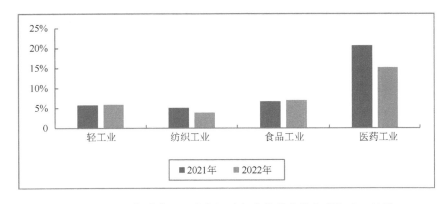

图 2-5　2022 年消费品工业各细分行业的营业收入利润率及比较
资料来源：国家统计局，2023 年 2 月

（二）亏损情况持续恶化

从亏损面来看，2022 年，在 14 个主要消费品行业中，家具制造业、造纸及纸制品业、纺织业、化学纤维制造业、农副食品加工业、食品制造业、医药制造业 7 个细分行业超过制造业平均水平（见表 2-1）。与 2021 年同期相比，除皮革毛皮羽毛及其制品和制鞋业外，其余 13 个细分行业的亏损面均不同程度地扩大。从亏损深度来看，仅造纸及纸制品业、纺织业、化学纤维制造业、农副食品加工业这 4 个细分行业超过制造业平均水平（见表 2-1）。而与 2021 年同期相比，除皮革毛皮羽毛及其制品和制鞋业、纺织服装服饰业、食品制造业、酒饮料和精制茶制造业这 4 个细分行业外，其余 10 个细分行业的亏损深度都进一步加大（见表 2-1）。整体来看，由于全球新冠疫情防控趋于常态化，与防控物资相关的造纸及纸制品业、纺织业、化学纤维制造业、医药制造业等行业，在前期大量投入和快速增长的基础上进入深度调整期，亏损情况较其他行业更为严重。

表 2-1 2022 年主要消费品行业的亏损情况及比较

行业	亏损面			亏损深度		
	2019 年	2021 年	2022 年	2019 年	2021 年	2022 年
制造业	15.6%	16.1%	19.9%	14.5%	10.1%	18.3%
皮革毛皮羽毛及其制品和制鞋业	12.2%	14.4%	13.9%	6.2%	7.9%	6%
木材加工及木竹藤棕草制品业	12%	12.2%	13.1%	10.5%	11.7%	12.2%
家具制造业	14.1%	16.3%	21.9%	7.2%	11.4%	13%
造纸及纸制品业	17.2%	17.3%	24.5%	15.4%	8.6%	24.6%
印刷和记录媒介复制业	13.4%	15.3%	19.3%	6.9%	8.8%	11.7%
文教工美体育和娱乐用品制造业	12.2%	14.1%	16.7%	8.4%	6.6%	7.3%

续表

行业	亏损面			亏损深度		
	2019 年	2021 年	2022 年	2019 年	2021 年	2022 年
橡胶和塑料制品业	13.8%	15.1%	18.3%	10%	11.1%	12.7%
纺织业	17.1%	16.3%	21.8%	15.1%	10%	24.8%
纺织服装服饰业	16%	18.5%	19.4%	9.1%	14.3%	12.6%
化学纤维制造业	22.1%	17.3%	31.9%	20.5%	12.7%	70.2%
农副食品加工业	15.2%	18.5%	20.4%	13.2%	16.4%	19.3%
食品制造业	15%	18.5%	20.6%	6.7%	11.3%	8.5%
酒饮料和精制茶制造业	11.9%	13.2%	15.4%	4.6%	3.1%	2.6%
医药制造业	15.6%	18.9%	20.1%	5.2%	4.7%	9.8%

资料来源：国家统计局，2023 年 2 月。

第二节 存在的问题

一、生产经营成本升高，中小企业发展难度加大

从 2022 年年初以来，大宗原料、能源的价格持续高位震荡，物料、人工成本不断上涨，现金流不足、还本付息压力大等困难普遍存在，小企业的 PMI（Purchasing Managers' Index，采购经理指数）连续 21 个月位于荣枯线以下。消费品工业量大面广，中小企业众多，市场竞争激烈，上游的成本压力难以被传导到消费终端，企业经营普遍处于"增收不增利"的状态，扩产积极性不高。以纺织服装业为例，2022 年，工业生产者购进价格中纺织原料类的价格同比升高 5%，而产业链终端的纺织服装服饰业的出厂价格仅同比升高 1.3%。自新冠疫情暴发以来，行业在盈利水平降低等因素的影响下，吸纳就业人数有所减少，2022 年，规模以上企业的平均用工人数较 2019 年同期减少 93.7 万人。

二、国际形势错综复杂，外贸平稳增长难度加大

全球疫情冲击和地缘政治动荡，叠加各国财政支出减少和金融环境收紧，导致全球经济增长前景黯淡，居民消费的持续增长缺乏有效动力，世界银行、经济合作与发展组织（以下简称经合组织）分别将 2023 年全球经济增速预期下调至 1.7%、2.2%。欧美经济滞胀风险升高，2022 年，美国 CPI 同比增速保持在 6.5%以上，欧元区 CPI 同比增速保持在 9%以上。此外，国际物流秩序有待恢复，外贸企业的运输成本依然较高，订单不确定性风险仍然存在。

三、对于消费需求释放仍需加强引导，部分产品消费仍需得到提振

受第二、第四季度消费负增长的影响，2022 年社交需求类和消费升级类产品的零售额下降情况较为明显，其中服装鞋帽针纺织品类、化妆品类、通信器材类产品的零售额分别同比下降 6.5%、4.5%、3.4%。进入 2023 年，国家对于相关消费需求释放仍需加强引导。由于房地产市场仍处于调整期，家电、家具、五金、灯具等家居用品的消费受到影响，2022 年家用电器和音像器材类、家具类产品的零售额分别同比下降 3.9%、7.5%，相关产品消费仍需得到提振。

第三节　对策与建议

一、优化营商环境，持续激发行业运行活力

一是针对消费品工业量大面广的中小企业，切实深化"放管服"改革，

梳理、整合、优化涉企审批程序，全面提升审批服务效率，降低制度性交易成本。二是贯彻落实国家一系列惠企纾困政策和举措，保持政策的连续性、稳定性和可持续性，切实减小企业经营压力，支持企业加快恢复生产经营。三是进一步加大对消费品工业领域的金融支持力度，提高贷款审批和发放效率，针对企业实际需求创新"用工贷""结算贷""泛交易链贷款"等信贷产品，鼓励商业银行开展基于风险评估的续贷业务，严格控制抽贷、断贷、压贷等现象。四是持续推进跨境贸易便利化改革，全面落实通关便利化措施，通过提高出口退税率、加大企业出口创汇补贴额度、提高出口信保保费补贴、强化出口信保与出口退税政策的有效衔接等方式，营造良好的外贸营商环境。

二、推进高质量发展，着力提升产业链韧性和安全水平

一是支持农副产品加工、纺织服装、家具等行业的企业进行数字化改造升级，利用数字技术赋能"增品种、提品质、创品牌"，减少对人工等生产要素的依赖，提高产业链供应链的现代化水平，提升消费品供给体系对国内需求的适配性。二是聚焦于食品、纺织服装、医药等领域，全面推行生物制造等新型制造方式，利用合成生物学、基因工程、酶工程等现代生物技术，加快新材料、新技术的开发和利用，提升行业的核心竞争力。三是围绕纺织业、农副食品加工业、橡胶和塑料制品业、造纸及纸制品业、化学纤维制造业等能源消耗相对较多的行业，推进以绿色材料、清洁生产、绿色认证、循环发展等为核心的全产业链绿色转型发展，推广应用绿色关键技术和相关设施及装备，完善碳核算、碳监测和减碳技术服务体系，避免绿色贸易壁垒对我国消费品工业产品出口的不利影响。

三、聚焦重点领域，精准激活和释放消费潜力

一是针对纺织服装、家用电器、家具、化妆品等消费需求相对疲软的

行业，制订持续性的消费刺激计划，鼓励地方加大政策帮扶力度，制定消费升级实施方案，组织企业推出惠民让利促消费活动，重点加大对绿色、智能产品的促消费力度，推进消费迭代更新。二是充分利用"三品"全国行、"双品"网购节等大型促消费活动营造良好的消费环境，重点宣传和推广消费品领域的新品、精品、名品，进一步引领消费升级，提振消费信心、提高市场预期。三是深入挖掘和扩大县、乡消费潜力，继续开展家电家具下乡、以旧换新活动，加快建设和完善县域商业体系及县、乡、村 3 级物流配送体系，助力品牌企业下沉供应链，扩大县、乡优质消费品供给面。

行业篇

第三章

纺织工业

第一节 发展情况

一、运行情况

（一）行业运行总体承压

2022 年总体景气波动回升，中国纺织工业联合会的数据显示，纺织行业的第一季度景气指数为 42.6、第二季度景气指数为 46.3、第三季度景气指数为 44.3、第四季度景气指数为 47，虽然第四季度景气度指数较前 3 个季度有所回升，但全年 4 个季度的景气指数均位于荣枯线（50）以下，这表明纺织企业的经营信心不足。2022 年生产增速总体下降，国家统计局的数据显示，纺织工业规模以上企业的工业增加值同比下降 1.9%（增速较 2021 年的 4.4% 下降 6.3 个百分点），其中纺织业、纺织服装服饰业的工业增加值分别同比下降 2.7%、1.9%，化学纤维制造业的工业增加值同比增长 1.1%（见图 3-1）。2022 年行业产能利用率有所下降，纺织业和化学纤维制造业的产能利用率分别为 77.2%和 82.3%，较 2021 年分别下降了 2.3 和 2.2 个百分点，较新冠疫情暴发前（2019 年）分别下降了 1.2 和 0.9 个百分点。

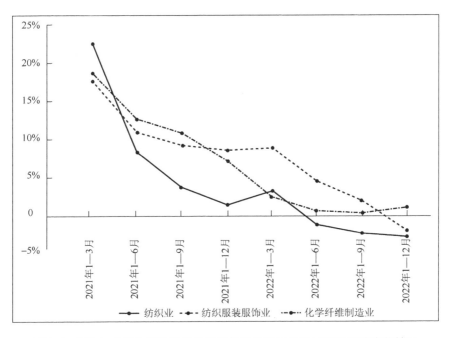

图 3-1　2021—2022 年纺织工业各细分行业的工业增加值的增速变化情况
资料来源：国家统计局，2023 年 2 月

（二）主要产品的产量下降

2022 年纺织工业主要产品的产量大幅下降，增速下降程度均超 10 个百分点。国家统计局的数据显示，2022 年，纱的产量累计为 2719.1 万吨，增速为-6.6%（较 2021 年的 8.4%下降了 15 个百分点）；布的产量累计为 367.5 亿米，增速为-6.6%（较 2021 年的 7.5%下降了 14.1 个百分点）；化学纤维的产量累计为 6697.8 万吨，增速为-1%（较 2021 年的 9.1%下降了 10.1 个百分点）；蚕丝及交织机织物（含蚕丝量≥30%）的产量累计为 29 835.1 万米，增速为-16.7%（较 2021 年的-2.3%下降了 14.4 个百分点）。

受国际环境动荡，国内疫情散发、频发，市场需求低迷，原料价格高位波动等因素的影响，2022 年纺织领域主要产品的产量下降严重，纱、布、化学纤维、蚕丝及交织机织物等主要产品产量的增速较 2021 年均大幅下降。

（三）出口增速前高后低

2022 年，虽然国际形势复杂、严峻，但我国纺织品服装出口展现出较强的韧性。据中华人民共和国海关总署（以下简称海关总署）统计，2022 年我国纺织品服装出口再创历史新高，出口额达 3233.4 亿美元，同比增长 2.6%，其中，纺织原料是纺织工业的重要增长点，出口额为 39.1 亿美元，同比增长 31.4%；纺织品出口额为 1479.5 亿美元，同比增长 2%；服装出口额为 1754 亿美元，同比增长 3.2%。虽然 2022 年全年纺织工业的出口态势良好，第一、第二、第三季度的出口额均呈增长态势，但第三季度纺织品服装出口增速出现不同程度的下降，而在第四季度，除了纺织原料出口低速增长，纺织品出口增速、服装出口增速均出现负增长（见图 3-2）。

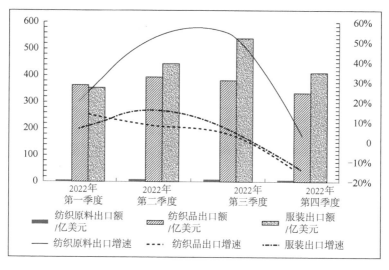

图 3-2 2021—2022 年纺织工业出口增速的变化趋势

资料来源：海关总署，2023 年 2 月

（四）投资规模平稳增长

2022 年，国内经济活动有序恢复，市场需求回升，纺织行业整体投资动力和意愿向好，各子行业的投资规模平稳增长。国家统计局的数据显示，纺织业、纺织服装服饰业、化学纤维制造业的固定资产投资完成额分别同比增长 4.7%、21.4% 和 25.3%；在 2021 年高基数的基础上，纺织服装服饰业的投资规模较 2021 年同期增长 17.3 个百分点，而纺织业和化学纤维制造业受原料市场价格高位波动的影响，其投资规模的增速较 2021 年同期有所下降，但纺织行业的投资规模仍呈增长态势。

（五）内需市场恢复乏力

受居民收入增长放缓，国内疫情散发、频发，市场需求疲软等因素的影响，纺织行业内需市场承压，整体市场销售乏力。国家统计局的数据显示，2022 年，线上单位服装鞋帽针纺织品类产品的零售额为 13 003.4 亿元，同比下降 6.5%，较 2021 年同期的增速下降 19.2 个百分点；服装类产品的零售额为 92 22.6 亿元，同比下降 7.7%，较 2021 年同期的增速下降 21.9 个百分点。虽然纺织行业内销压力较大，但线上消费处于持续恢复态势，在一定程度上缓解了纺织行业内销市场压力。国家统计局的数据显示，2022 年线上穿类产品的零售额同比增长 3.5%，较 2021 年同期的增速下降 4.8 个百分点。

二、效益情况

（一）经济效益改善承压情况

2022 年，受市场需求偏弱、原料成本较高、发展环境复杂等因素的影响，纺织行业的经济效益不容乐观。国家统计局的数据显示，2022 年全国纺织行业规模以上企业实现营业收入 52 564 亿元，利润总额为 2067 亿元，分别同比下降 0.9% 和 24.8%，较 2021 年同期的增速下降 13.2 和 50.2 个百分点；营业收入利润率为 3.9%，较 2021 年同期下降 1.3 个百分点。其中，纺织业、纺织服装服饰业、化学纤维制造业实现的营业收入分别为 26 448.2 亿元、14 538.9 亿元、10 900.7 亿元，分别同比增长 -1.1%、-4.6%、5.3%；纺织业、纺织服装服饰业、化学纤维制造业实现的利润总额分别为 1000.8 亿元、763.8 亿元、241.3 亿元，分别同比增长 -17.8%、-6.3%、-62.2%。2022 年，化学纤维制造业在 2021 年较高基数的基础上，加之国际发展环境严峻、市场需求偏弱、原料价格高位等因素的冲击，虽然行业营业收入有所增长，但利润出现大幅下降，其他行业的营业收入和利润总额双双下降，纺织行业的整体经济效益不佳。

（二）行业亏损情况严重

2022 年，纺织行业的发展压力明显增大，行业整体亏损面扩大，用工难问题仍未得到解决。中华人民共和国工业和信息化部（以下简称工业和信息化部）的数据显示，纺织行业的亏损面为 21.4%，同比扩大 4.3 个百分点；行业平均用工人数为 551 万人，比 2021 年同期下降 4.8%。国家统计局的数据显示，2022 年，纺织业亏损企业数为 4377 个（较 2021 年同期增长 45.9%），亏损金额为 248.40 亿元（较 2021 年同期增长 105.8%），亏损面同比扩大 5.5 个百分点，亏损深度同比加大 14.8 个百分点；纺织服装服饰业亏损企业数量为 2561 个（较 2021 年同期增长 14.9%），亏损金额为 96.6 亿元（较 2021 年同期增长 12.5%），亏损面同比扩大 0.9 个百分点，亏损深度同比减小 1.7 个百分点；化学纤维制造业亏损企业数为 692 个（较 2021 年同期增长 84.5%），亏损金额为 169.4 亿元（较 2021 年同期增长 102.6%），亏损面同比扩大 14.6 个百分点，亏损深度同比加大

57.5 个百分点。2022 年纺织工业的亏损情况及比较如表 3-1 所示。

表 3-1 2022 年纺织工业的亏损情况及比较

行业	亏损面		亏损深度	
	2021 年	2022 年	2021 年	2022 年
工业	16.5%	20.2%	13.6%	18.5%
纺织业	16.3%	21.8%	10%	24.8%
纺织服装服饰业	18.5%	19.4%	14.3%	12.6%
化学纤维制造业	17.3%	31.9%	12.7%	70.2%

资料来源：国家统计局，2023 年 2 月。

三、重点领域的情况

（一）化纤行业

2022 年，化纤行业在高库存和弱需求的冲击下，行业运行整体承压，开工负荷较 2021 年显著下降，除了出口承压逆势增长，化学纤维的产量、行业投资、经济效益及行业亏损情况均不乐观。国家统计局的数据显示，化学纤维的产量累计为 6697.8 万吨，增速为-1%，近 40 年来化学纤维的产量首次出现负增长。据中国化学纤维工业协会统计，除了黏胶长丝、腈纶的产量分别同比增长 7.5%、16.7%，其他主要产品的产量均呈现负增长。海关总署的数据显示，2022 年，化学纤维的出口量为 565.45 万吨，同比增长 8.76%，表明行业韧性较强。受原油价格高位波动影响，化学纤维市场疲软，行业投资动力和意愿不足。化纤行业的亏损面和亏损深度均较大，均大于工业亏损面和亏损深度。

（二）棉纺织行业

2022 年，在原料价格高位波动、国内外订单不足、高库存、弱需求等因素的影响下，棉纺织行业市场和效益不振。中国棉纺织行业协会跟踪的重点企业数据显示，2022 年，重点企业的纱产量同比下降 4.8%，纱销售量同比下降 5.18%，营业收入同比下降 0.2%，利润总额同比下降 35.1%，亏损企业数同比增长 133.3%。中国棉纺织行业协会的数据显示，2022 年 12 月，中国棉纺织景气指数为 49.94，较 11 月增长 2.79；企业经营指数为 49.53，较 11 月增长 3.19；企业信心指数为 50.77，较 11 月增长 3.5，企业信心水平回归至景气状态，这为下一年的行业发展奠定了良好的基础。

（三）服装行业

受市场需求偏弱、原料成本较高、发展环境复杂等因素的冲击，2022 年我国服装行业承压运行，生产增速下降，内销市场复苏乏力，出口规模小幅增长，企业效益不佳，固定资产投资额有所增长但增速放缓。国家统计局的数据和中国服装协会的行业经济运行简报显示，2022 年服装行业规模以上企业工业增加值同比下降 1.9%，规模以上企业完成服装产量为 232.42 亿件，同比下降 3.36%；限额以上单位服装类产品的零售额累计为 9222.6 亿元，同比下降 7.7%。中华全国商业信息中心的统计数据显示，2022 年，全国重点大型零售企业服装的零售额和零售量分别同比下降 14.79% 和 18.61%；穿类产品的线上零售额同比增长 3.5%。海关总署的数据显示，2022 年，服装出口额为 1753.97 亿美元，同比增长 3.2%，其中对美国、欧盟、日本、东盟等经济体的服装出口额分别为 386.1 亿美元、333.17 亿美元、146.12 亿美元、169.28 亿美元，分别同比增长 -2.2%、3%、-0.3%、23.9%。国家统计局的数据显示，纺织服装服饰业亏损企业数量为 2561 个，亏损金额为 96.6 亿元，亏损面同比扩大 0.9 个百分点，亏损深度同比减小 1.7 个百分点；固定资产投资完成额同比增长 25.3%，较 2021 年的增速下降 8.5 个百分点。

（四）产业用纺织品行业

2022 年，国内外市场环境复杂、严峻，产业用纺织品行业仍呈增长态势，但增速有所放缓，生产和销售平稳增长，行业整体韧性较强，但盈利不佳，下行压力较大。中国产业用纺织品行业协会的数据显示，2022 年 1—11 月，产业用纺织品行业的工业增加值保持增长，行业景气指数升至 57.3，国际市场需求指数和国内市场需求指数分别为 40.2 和 45，国内外市场需求向好；规模以上企业的营业收入和利润总额分别同比下降 0.3% 和 10.4%，利润率为 4.6%，同比下降 0.5 个百分点。

第二节　存在的问题

一、国际竞争持续加剧

由于中美贸易摩擦及新冠疫情导致的全球产业链重构，中国纺织工业不仅面临来自越南、孟加拉国、印度等东南亚和南亚国家的出口替代，还面临欧美等发达经济体的贸易壁垒，国际订单的"去中国化"趋势有所显现，国际贸易环境的不确定性持续增大。相关数据显示，2022 年，越南纺织服装及鞋业的出口总额达 710 亿美元，创历史最高水平；1—11 月，孟加拉国服装出口欧盟达 211.8 亿美元，增幅达 38.39%，而同期中国面向美国、欧盟、日本的纺织品服装出口额则分别同比下降 5.4%、1.1%、0.2%。

二、市场需求仍显低迷

在内需方面，2022 年，纺织企业的整体订单量不足，新增订单以中小批量订单为主，采购询价增多，整体订单量比新冠疫情暴发前下降 10%～

20%。企业订单分化现象较为突出，少量骨干企业的订单量可观，但一些集群中小企业的订单量仅为 2021 年同期的一半。在外需方面，欧美市场的订单量下降较为显著，订单压价情况较为明显。同时，受国际订单的"去中国化"趋势的影响，中国向美国、日本等传统国际市场的出口量呈下降态势。

三、盈利空间受到挤压

原油、棉花的价格呈波动式上涨态势，加大了企业对原料与产成品等存货的管理难度，提高了企业的经营成本。在上游能源、原料价格上涨与下游需求低迷的双重压力下，上下游价格传导机制不畅，下游企业对纺织产品市场略有调高的报价的接受度不高，实际成交价涨幅有限，企业的盈利空间受到挤压。在中国印染行业协会调查的重点企业中，近八成企业表示 2022 年的加工费与 2021 年同期持平，并没有因为成本升高而相应提升。

四、用工问题仍然突出

纺织工业用工缺口仍然存在。由于企业的经营压力较大，未能上调工资，甚至有的还给员工降薪，加上酒店、餐饮行业逐渐恢复，挤压纺织工业的用工需求，因此纺织工业流失了很多员工。此外，受观念、收入等因素的影响，多年来支撑纺织工业发展的农民工，尤其是新生代农民工的城镇就业增长率逐年下降。在有纺织工业发展传统优势的江苏省、浙江省等地，"用工荒"已经成为一种常态。此外，年轻工人及技能型、管理型人才缺失导致的结构性用工短缺问题也将长期存在。

第四章

医药工业

第一节　发展情况

一、运行情况

（一）工业增加值增速有所下降

2022 年，医药行业的工业增加值的增速回升。2022 年 1—12 月，全国工业增加值的增速为 3.6%，相比于 2021 年 9.6% 的增速有所下降，下降了 6 个百分点。2022 年 1—12 月，医药行业的工业增加值全年累计增速为 -3.4%，比 2021 年下降了 28.2 个百分点（见表 4-1）。

表 4-1　2021—2022 年 1—12 月全工业和医药行业的工业增加值增速的比较

时间	全工业		医药行业	
	2021 年	2022 年	2021 年	2022 年
1—12 月	9.6%	3.6%	24.8%	-3.4%

资料来源：国家统计局，2023 年 4 月。

（二）产能利用率较全工业平均水平稍高，产业结构调整压力依旧较大

2022 年，医药工业的产能利用率为 75.6%，与全工业的平均水平持平，但仍未达到合理空间，产能依旧过剩①。2017—2022 年，全工业的产能利用率在 75.6% 左右徘徊，与全工业相比，医药工业的产能利用率也存在产能过剩的情况，产业结构调整仍面临较大压力，如图 4-1 所示。

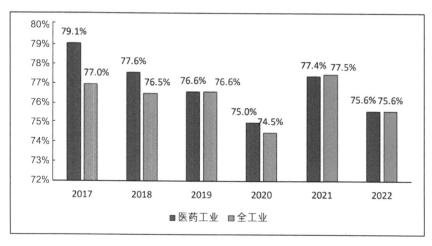

图 4-1　2017—2022 年全工业及医药工业的产能利用率
资料来源：国家统计局，2023 年 4 月

（三）出口交货值的增速下降，与新冠疫情相关的物资出口减少

2022 年，医药行业规模以上企业实现出口交货值 2588.1 亿元，比 2021 年同期下降 25.1%（见表 4-2）。出口交货值的增速出现下降主要是由于进入后疫情时代，医药行业的出口交货值趋于新冠疫情暴发前的平稳发展状态。较 2021 年由于新冠疫情带来的我国医疗器械和医用卫生耗材出

---

① 按国际通行标准，产能利用率超过 90% 为产能不足，79%~90% 为正常水平，低于 79% 为产能过剩。

口大幅增加，2022 年医药行业的出口交货值有所下降。

表 4-2　2022 年医药行业的出口交货值情况

行业名称	出口交货值/亿元	比 2021 年同期增长
医药行业	2588.1	-25.1%

资料来源：国家统计局，2023 年 4 月。

二、效益情况

（一）医药制造业的营业收入减少，利润增速下降

2022 年，医药制造业的营业收入为 29 111.4 亿元，比 2021 年同比下降 1.6%，增速较 2021 年下降 21.7 个百分点（见表 4-3）。

表 4-3　2022 年医药制造业的营业收入情况

行业名称	营业收入/亿元	同比	2021 年的增速
医药制造业	29 111.4	-1.6%	20.1%

资料来源：国家统计局，2023 年 4 月。

2022 年，医药制造业实现利润总额 4288.7 亿元，同比下降 31.8%，增速较 2021 年下降 109.7 个百分点（见表 4-4）。2022 年，在全球新冠疫情形势依旧严峻的形势下，医药制造业的利润增速低于营业收入的增速，医药制造业盈利能力的增势放缓，趋于新冠疫情暴发前的平稳发展状态。

表 4-4　2022 年医药制造业的利润总额完成情况

行业名称	利润总额/亿元	同比	2021 年的增速
医药制造业	4288.7	-31.8%	77.9%

资料来源：国家统计局，2023 年 4 月。

（二）资产负债率整体呈现小幅增加，行业发展后劲较足

2022 年 1—12 月，医药制造业总资产的增长速度快于总负债的增长速度，资产负债率为 39.3%，相比 2021 年的 38.7% 呈现小幅增长。2022 年 1—12 月，医药制造业的资产同比增长 14.8%；同期，医药制造业的负债同比增长 8.1%（见表 4-5）。从资产负债率角度来看，医药制造业的整体运行呈现健康态势，发展后劲较足。

表 4-5　2022 年 1—12 月医药制造业的资产和负债情况

时间	资产同比增长	负债同比增长
1—2 月	8.2%	9.4%
1—3 月	8%	5.3%
1—4 月	8%	3.7%
1—5 月	8.9%	4.3%
1—6 月	9.7%	5.2%
1—7 月	10.7%	7.3%
1—8 月	12.2%	7.1%
1—9 月	13%	7.7%
1—10 月	14.1%	7.4%
1—11 月	14.9%	8.5%
1—12 月	14.8%	8.1%

资料来源：国家统计局，2023 年 4 月。

（三）亏损面扩大，医药工业的整体盈利能力呈向好态势

2022 年，医药工业的亏损面相比 2021 年扩大了 1.2 个百分点（见表 4-6）。2022 年，医药工业的企业数为 8814 家，其中亏损企业数为 1771 家，亏损面为 20.1%，相比 2021 年的 18.9% 扩大了 1.2 个百分点。综合行业利

润增速来考虑，医药工业头部企业的盈利水平提升较快，医药工业的整体盈利能力呈向好态势。

表 4-6　2021—2022 年医药工业的亏损情况

年份	亏损企业数/家	亏损面
2021	1577	18.9%
2022	1771	20.1%

资料来源：国家统计局，2023 年 4 月。

第二节　存在的问题

一、医药工业的转型发展面临挑战

转型升级是医药工业的必然选择，我国始终致力于优化医药工业的发展构架。新冠疫情的暴发导致国际商业环境变得充满不确定性，为行业进步带来困难。近几年，我国的生物医药领域集中度稳步提升，创新发展气势强劲，但像化学原料药这样的出口领域正面临挑战。当前，全球原料药生产正逐渐从生产成本较高的欧洲国家转向像我国和印度这样的生产成本相对较低的国家。随着竞争者的增加，原料药市场的竞争日趋激烈，对我国的主导企业及国际产业结构产生影响，产业结构迫切需要调整。

二、医药工业的创新发展亟待推动

我国的医药工业在创新方面总体上还存在欠缺。在基础研究环节，前沿领域的原创创新受到了科研配套设施（包括硬件和软件）不足的制约。目前，大部分关键科研所需的精密仪器，如基因测序仪、数字 PCR 仪等，还依赖进口。在临床研究环节，优质的临床试验机构资源仍然稀缺，我国在全球同步研发的参与程度还不够高，这也阻碍了创新药快速产业化的进程。在成果转化环节，产学研用协同发展的情况仍然不够理想。我国迫切需要加速创新成果的转化，以推动本国创新药物率先进入国际市场。

三、医药工业的产业链韧性面临挑战

目前，我国医药工业拥有完善的产业链，能够生产出种类繁多且质量上乘的产品。在药品研发方面，我国已经具备了从药品设计、药学研究、安全评估、临床研究到产业化的完整研发链条。然而，我国医药工业的发展是建立在全球化的分工与合作基础之上的，观察国内医药工业的发展情况会发现，我国医药工业在诸如仪器、试剂和药用辅料等方面仍有待提升的地方。在后疫情时代，在不稳定的国际贸易环境等因素的叠加影响下，医药工业的产业链韧性面临挑战。

第五章

食品工业

第一节 发展情况

一、运行情况

（一）工业增加值平稳回升

截至 2022 年 12 月末，食品工业规模以上企业的数量为 38 449 家，其工业增加值占全部工业增加值的比例为 6.4%，其中农副食品加工业、食品制造业、酒饮料和精制茶制造业的工业增加值分别占 2.5%、1.8%、2.1%。食品工业三大子行业的工业增加值均呈现正增长，增速分别为 0.7%、2.3%、6.3%。

（二）固定资产投资的增速较快

2022 年，食品工业三大子行业固定资产投资的增速全年保持正数，但在 1—3 月的高基数的基础上，固定资产投资的增速逐步放缓，1—12 月，农副食品加工业、食品制造业、酒饮料和精制茶制造业固定资产投资的增速分别为 15.5%、13.7%、27.2%，较 1—3 月的 25.4%、24.1%、44.6%分别下降了 9.9、10.4、17.4 个百分点（见表 5-1）。

表 5-1　2022 年 1—12 月食品工业三大子行业固定资产投资的增速情况

行业名称	1—3 月	1—6 月	1—9 月	1—12 月
农副食品加工业	25.4%	16.7%	16.6%	15.5%
食品制造业	24.1%	17.2%	14.4%	13.7%
酒饮料和精制茶制造业	44.6%	32.4%	34.5%	27.2%

资料来源：国家统计局，2023 年 5 月。

（三）出口增长势头较好

2022 年，食品工业规模以上企业实现出口交货值 4179.7 亿元，同比增长 12.2%，占全部工业出口交货值的 2.7%。其中，农副食品加工业的出口交货值最高，为 2482.8 亿元，同比增长 6%，占食品工业出口交货值的 59.4%；食品制造业、酒饮料和精制茶制造业的出口交货值均呈现较好的增长势头，分别为 1464.5 亿元、232.4 亿元，分别同比增长 15.7%、8.9%（见表 5-2）。

表 5-2　2022 年食品工业出口交货值的情况

行业名称	出口交货值/亿元	同比增长
食品工业	4179.7	12.2%
农副食品加工业	2482.8	6%
食品制造业	1464.5	15.7%
酒饮料和精制茶制造业	232.4	8.9%

资料来源：国家统计局，2023 年 5 月。

二、效益情况

（一）经济效益稳健向好发展

2022 年，食品工业规模以上企业以占全国工业 5.1%的资产，创造了 7.1%的营业收入，完成了 8.1%的利润总额，全年营业收入利润率为 7%（低于全国工业 0.2 个百分点，低于轻工业 0.5 个百分点）。其中，酒饮料和精制茶制造业的营业收入利润率较高，为 18.4%，高于全国工业 11.2 个百分点。

收入方面，2022 年，食品工业规模以上企业的营业收入达 97 991.9 亿元，同比增长 5.6%，占轻工业营业收入的 40.3%；农副食品加工业、食品制造业、酒饮料和精制茶制造业的营业收入的增速分别为 6.5%、4%、4.9%（见表 5-3）。在 61 个小类行业中，47 个行业的营业收入同比增长，增幅为 0.2%～33%。

成本方面，2022 年，食品工业规模以上企业的营业成本为 82 949.1 亿元，同比增长 5.9%，高于轻工业 0.5 个百分点；农副食品加工业、食品制造业、酒饮料和精制茶制造业的营业成本分别同比增长 7.1%、4.7%、2.8%（见表 5-3）。在 61 个小类行业中，14 个行业的营业成本同比下降，降幅为 0.1%～23.7%。

利润方面，2022 年，食品工业规模以上企业实现利润总额 6815.3 亿元，同比增长 9.6%，占轻工业利润总额的 44.2%；农副食品加工业、食品制造业、酒饮料和精制茶制造业的利润总额均较好地增长，分别为 1901.1 亿元、1797.9 亿元、3116.3 亿元，分别同比增长 0.2%、7.6%、17.6%（见表 5-3）。在 61 个小类行业中，30 个行业的利润总额同比增长，增幅为 1.7%～243%。

表 5-3　2022 年食品工业主要经济效益指标的概况

行业名称	企业总数/家	资产总计/亿元	营业收入/亿元	同比增长	营业成本/亿元	同比增长	利润总额/亿元	同比增长	营业收入利润率
食品工业	38 449	79 889.7	97 991.9	5.6%	82 949.1	5.9%	6815.3	9.6%	7%
农副食品加工业	23 593	35 943.9	58 503	6.5%	53 731.3	7.1%	1901.1	0.2%	3.2%
食品制造业	9119	21 304.3	22 541.9	4%	17 883.3	4.7%	1797.9	7.6%	8%
酒饮料和精制茶制造业	5737	22 641.5	16 947	4.9%	11 334.5	2.8%	3116.3	17.6%	18.4%

资料来源：国家统计局，2023 年 5 月。

（二）亏损情况持续恶化

截至 2022 年 12 月末，食品工业规模以上亏损企业数为 7583 家，亏损面为 19.7%（较 2021 年扩大 2 个百分点），亏损深度为 8.8%（较 2021 年减小 0.5 个百分点），如表 5-4 所示。从亏损企业的亏损总额来看，食品工业总计达 599.2 亿元，其中农副食品加工业占比最高，约为 61.1%。从亏损面来看，农副食品加工业、食品制造业的亏损面较大，分别为 20.4%、20.6%，分别较 2021 年同期扩大 1.9、2.1 个百分点；酒饮料和精制茶制造业的亏损面为 15.4%，低于食品工业 4.3 个百分点，但较 2021 年同期扩大 2.2 个百分点。从亏损深度来看，由于企业利润增加、亏损减少，亏损深度总体上呈现减小趋势，但有所分化，其中农副食品加工业的亏损深度为 19.3%，较 2021 年同期加大 2.9 个百分点；食品制造业、酒饮料和精制茶制造业的亏损深度减小较为明显，分别为 8.5%、2.6%，较 2021 年同期分别减小 2.8、0.5 个百分点。从负债率来看，食品工业规模以上企业的资产负债率为 52.8%，低于轻工业 1.8 个百分点，其中农副食品加工业的负债率为 59.9%，是三大子行业中负债率最高的子行业。

表 5-4　2022 年食品工业及三大子行业的亏损企业的亏损和负债情况

行业名称	亏损企业数/家	亏损企业的亏损总额/亿元	亏损面	亏损深度	负债率
食品工业	7583	599.2	19.7%	8.8%	52.8%
农副食品加工业	4818	366.3	20.4%	19.3%	59.9%
食品制造业	1881	152.3	20.6%	8.5%	51.1%
酒饮料和精制茶制造业	884	80.6	15.4%	2.6%	43%

资料来源：国家统计局，2023 年 5 月。

三、重点领域和重点产品的情况

（一）重点领域的情况

1. 农副食品加工业

2022 年，从 8 个中类行业的生产情况来看，在工业增加值方面，谷物磨制行业、植物油加工行业、蔬菜菌类水果和坚果加工行业的工业增加值有所下降，分别同比下降 1.7%、5.1%、2.1%；其他行业的工业增加值均有所增长，增幅为 0.3% ~ 5.1%。在出口交货值方面，除谷物磨制行业、蔬菜菌类水果和坚果加工行业外，其他行业的出口交货值均较好地增长，其中谷物磨制行业的出口交货值的降幅最大，同比下降 25.3%；制糖行业的出口交货值的增幅最大，同比增长 79.1%。

2022 年，从 24 个小类行业的效益情况来看，在营业收入方面，稻谷加工行业、蔬菜加工行业、水果和坚果加工行业、蛋品加工行业的营业收入呈负增长，分别同比下降 0.7%、1.8%、8%、10.3%；其他行业的营业收入均同比增长，其中玉米加工行业、其他水产品加工行业的营业收入增长较快，分别同比增长 33%、18.9%。在利润总额方面，16 个行业实现同比增长，8 个行业同比下降，其中杂粮加工行业、禽类屠宰行业扭亏为盈，其利润总额分别由 2021 年同期的-0.1 亿元、-12.6 亿元增长至 2.4 亿元、20.6 亿元；玉米加工行业、其他谷物磨制行业、水产品冷冻加工行业、食用菌加工行业的利润总额增长较快，分别同比增长 77.8%、41.7%、66.3%、57.2%；食用植物油加工行业、制糖行业、牲畜屠宰行业、蛋品加工行业的利润总额的降幅较大，分别同比下降 27.4%、36.7%、27.2%、29.1%。在营业成本方面，稻谷加工行业、蔬菜加工行业、水果和坚果加工行业、豆制品制造行业、蛋品加工行业的营业成本有所下降，分别同比下降 1%、2.3%、7.7%、0.1%、9.5%；其他行业的营业成本均有所增长，其中玉米加工行业的营业成本的增幅较大（同比增长 30.6%），其他行业的营业成本的增幅为 1.2%～18.5%。

2. 食品制造业

2022 年，从 7 个中类行业的生产情况来看，在工业增加值方面，焙烤食品制造行业、乳制品制造行业、罐头食品制造行业、调味品发酵制品制造行业的工业增加值略有下降，降幅为 0.4%～1.8%；糖果巧克力及蜜饯制造行业、方便食品制造行业、其他食品制造行业的工业增加值分别同比增长 3.8%、3.1%、6.5%。在出口交货值方面，除焙烤食品制造行业、方便食品制造行业、乳制品制造行业外，其他行业的出口交货值均较好地增长，其中焙烤食品制造行业、方便食品制造行业的出口交货值的降幅较大，分别同比下降 5.6%、4.9%；调味品发酵制品制造行业的出口交货值的增幅最大，同比增长 31.4%。

2022 年，从 24 个小类行业的效益情况来看，在营业收入方面，蜜饯制作行业、米面制品制造行业、乳粉制造行业、水产品罐头制造行业、酱油食醋及类似制品制造行业、冷冻饮品及食用冰制造行业的营业收入有所下降，分别同比下降 2.5%、3.2%、0.9%、10.5%、0.7%、9.5%；其他行业的营业收入均同比增长，其中方便面制造行业、盐加工行业的营业收入的增幅超 15%，分别同比增长 14.3%、19%。在利润总额方面，10 个行业同比增长，14 个行业同比下降，其中味精制造行业、盐加工行业、食品及饲料添加剂制造行业的利润总额增长较快，分别同比增长 243%、88.3%、41.7%；其他方便食品制造行业、乳粉制造行业的利润总额的降幅较大，分别同比下降 91.4%、37.3%。在营业成本方面，蜜饯制作行业、米面制品制造行业、水产品罐头制造行业、其他罐头食品制造行业、冷冻饮品及食用冰制造行业的营业成本有所下降，分别同比下降 0.9%、3.1%、11.1%、8.5%、8.3%；其他行业的营业成本均不同程度地增长，其中方便面制造行业、盐加工行业的营业成本的增幅超 15%，其他行业的营业成本的增幅为 0.5% ~ 14.1%。

3. 酒饮料和精制茶制造业

2022 年，从 3 个中类行业的生产情况来看，在工业增加值方面，酒的制造行业的工业增加值较好地增长，同比增长 9.8%；饮料制造行业的工业增加值与 2021 年持平；精制茶加工行业的工业增加值有所下降，同比下降 3.6%。在出口交货值方面，酒的制造行业、饮料制造行业的出口交货值较好地增长，分别同比增长 30.3%、12.6%；精制茶加工行业的出口交货值的降幅较大，同比下降 12.2%。

2022 年，从 13 个小类行业的效益情况来看，在营业收入方面，黄酒制造行业、葡萄酒制造行业、含乳饮料和植物蛋白饮料制造行业、精制茶加工行业的营业收入有所下降，分别同比下降 20.1%、3%、2%、6.9%；

其他行业的营业收入均同比增长，其中酒精制造行业、啤酒制造行业、固体饮料制造行业的营业收入较好地增长，分别同比增长 10.5%、12.4%、10.4%。在利润总额方面，酒精制造行业、白酒制造行业、啤酒制造行业、其他酒制造行业的利润总额较好地增长，分别同比增长 7.5%、29.4%、20.2%、4.9%；其他行业的利润总额均有所下降，其中黄酒制造行业、碳酸饮料制造行业的利润总额的降幅较大，分别同比下降 24%、18.7%。在营业成本方面，黄酒制造行业的营业成本的降幅较大，同比下降 23.7%；葡萄酒制造行业、含乳饮料和植物蛋白饮料制造行业、精制茶加工行业的营业成本有所下降，分别同比下降 1.1%、1%、6.7%；其他行业的营业成本均有所增长，增幅为 1.1%~12.4%。

（二）重点产品的情况

2022 年，在食品工业主要生产的 9 类产品中，5 类产品的产量同比增长，4 类产品的产量同比下降，其中鲜冷藏肉的产量增幅较大，同比增长 7.6%；成品糖、乳制品、啤酒、软饮料的产量小幅增长，分别同比增长 1.7%、2%、1.1%、0.3%；饲料、精制食用植物油、白酒（折 65 度，商品量）的产量有所下降，分别同比下降 0.2%、4.6%、5.6%；葡萄酒的产量降幅较大，同比下降 21.9%（见表 5-5）。

表 5-5　2022 年食品工业主要产品的产量

序号	产品名称	全年产量	同比增长
1	饲料	32327.7 万吨	−0.2%
2	精制食用植物油	4881.9 万吨	−4.6%
3	成品糖	1470.4 万吨	1.7%
4	鲜冷藏肉	3632.5 万吨	7.6%
5	乳制品	3117.7 万千升	2%
6	白酒（折 65 度，商品量）	671.2 万千升	−5.6%

续表

序号	产品名称	全年产量	同比增长
7	啤酒	3568.7 万千升	1.1%
8	葡萄酒	21.4 万千升	−21.9%
9	软饮料	18 140.8 万千升	0.3%

资料来源：国家统计局，2023 年 5 月。

第二节　存在的问题

一、数字化、智能化成为重要发展方向，整体仍有较大的提升空间

工业互联网、云计算、大数据等新一代信息技术在食品工业加速渗透。近年来，一批食品工业企业已经初步在数字化、智能化转型中取得积极成效，逐步实现了产业链各环节的工业化、数字化、智能化技术的集成应用，培育了一批服务食品工业的智能制造系统解决方案供应商和平台型企业。在生产端，新一代信息技术促进了生产效率提高和人员精简，使得新品研发周期与订单交付时间明显缩短，物耗和能耗、产品不良品率、企业运营成本显著降低。在消费端，随着线上支付、线上销售平台的普及，网购受到消费者的青睐，消费者实现了足不出户便能"购享全球"的生活方式。网购为地方特色食品产业提供了良好的流通渠道。食品工业中小微企业的占比较高，对量大面广的中小微企业来说，研发设计人才匮乏、技术信息源不足、工艺创新资金短缺、对数字化认识不足等原因阻碍了行业数字化、智能化的步伐，数字化技术在全行业生产和消费的渗透率仍有较大的提升空间。

二、在预制化食品产业浪潮下，质量安全监管体系还需完善

当前及未来一段发展时期，预制化将成为我国食品生产消费的重要发展方向，具有原料采购基地化、产品服务标准化、供应链网络化等特征。我国城乡居民的消费水平不断提升并形成了营养健康、方便快捷的消费观念，市场主体对高坪效、高品质食品供给的需求迫切，电商平台、团餐、中央厨房等新消费模式的兴起，以及疫情精准防控和食品质量安全控制的需要，推动预制化食品供给需求持续加快增长。从消费市场的反响来看，预制菜作为预制化食品的代表，成为当下十分火爆的产业词汇之一，顺应消费升级趋势，充分把握住"懒文化""宅经济"下，年轻消费者对便捷化、营养化、多样化的饮食消费需求，并带动包装、物流、餐饮等环节协同发展，为地方食品工业的发展贡献了新的增长极，成为各地积极抢抓布局的发展新赛道。目前，各地正陆续出台政策和措施，搭建预制菜创新平台，建设特色产业集群，培育龙头示范企业。作为食品新兴领域，预制菜的生产标准、添加剂使用、食品安全标准、流通环节的服务规范等标准体系仍需进一步完善；同时，涉嫌虚假宣传、菌落总数超标等一些事件不时发生，受到消费者关注，对于相关行业生产企业的准入和监管亟待加强。

三、舆情信息引发争议，消费者主观食品安全获得感待提升

近期，"海克斯科技""双标酱油""不融化的雪糕"等引发的食品安全信任危机问题在消费者当中引起较大争议。经过多年发展，我国食品安全总体水平已得到大幅提升，大宗加工食品的抽检合格率均处于较高水平，婴儿配方乳粉抽检合格率连续多年超过 99.5%。然而，一些并非食品安全问题或事故的事件不时发生，导致消费者对部分品类产品的消费信心

大幅下降，不利于国产食品品牌的持续健康发展。针对消费者主观食品安全获得感不足的问题，我国亟待建设高效的信息披露和风险交流体系，建立行业主管部门、行业协会、科研机构信息研判的权威发布渠道，鼓励和规范第三方民间风险交流平台的搭建，形成社会监督共治和正本清源的良好局面，让消费者在切实透明的信息中维护健康权益，提振消费信心。

第六章

锂电储能产业

第一节 发展情况

一、运行情况

（一）应用场景多样化发展

锂电池因具有工作电压高、能量密度较大、循环寿命长、安全性能好、自放电率小、无记忆效应及配置灵活等优点，已经被广泛应用在 5G 基站及各类储能电站等场景中。自从 1991 年日本索尼公司首次实现工业化制造至今，锂电池已经发展出包括钴酸锂电池、锰酸锂电池、磷酸铁锂电池、钛酸锂电池、三元锂电池、聚合物锂电池等在内的多种电池体系。由于锂电池具有能量密度大、循环寿命长、自放电率小、无记忆效应等优点，因此已被广泛应用于数码便携产品、新能源汽车、储能电站等领域。在各种锂电池中，磷酸铁锂电池具有寿命长、成本低及安全性高等优势，是目前储能电站的热门产品。

　　按照不同应用途径，锂电储能受益于配置灵活的优点，在发电侧、电网侧和用户侧均可应用：在发电侧主要用于配套新能源发电、火电联合调频；在电网侧主要用于辅助服务，通过调峰调频、削峰填谷等提高电网的稳定性；在用户侧主要用于峰谷套利、分布式新能源+储能、通信基站及数据中心的备用电源。《国家电网有限公司关于促进电化学储能健康有序发展的指导意见》明确指出："在国家尚未出台新的鼓励政策的情况下，各省级电力公司不参与发电侧和用户侧储能投资建设，可以根据需要，以技术创新和解决工程应用难题为目标，开展电网侧储能试点示范应用。"发电侧支持新能源发电配置储能及常规火电配置储能；电网侧将储能纳入电网规划并滚动调整，将储能视为电网的重要电气元件和一种技术方案选择，进行综合比选论证；用户侧可参与电网需求响应、电量平衡和负荷特性改善，优先在电网调节有困难、改造升级成本较高的地区投资建设。

　　目前，我国电化学储能累计装机主要集中在用户端，截至 2020 年年底，我国电化学储能在发电侧、电网侧、用户侧 3 个应用领域的累计安装比例分别为 32.1%、21.4%、46.5%。其中，用户侧占比有所下降；与此同时，电网侧占比迅速提升，累计装机占比已达到 21.4%，相比前一年几乎翻倍，在新增投运的电化学储能项目中，电网侧的占比从 3% 迅速上升至56%，电网侧新增装机占比不断提高，一改前几年用户侧一家独大的局面。

（二）市场规模不断扩大

　　据中关村储能产业技术联盟统计，截至 2021 年年底，全球已投运电力储能项目累计装机规模为 209.4GW，同比增长 9%。新型储能的累计装机规模为 25.4GW，同比增长 67.7%，其中锂电储能占据主导位置，市场份额超过 90%。2021 年，我国储能锂电池的产量为 32GWh，同比增长

146%。随着我国新基建、电气化进程、能源结构转型和电力体制改革的进一步深化，锂电储能将迎来爆发式增长。预计到 2025 年，我国锂电储能累计装机规模将达到 50GW，市场空间约为 2000 亿元；到 2035 年，锂电储能累计装机规模有望达到 600GW，市场空间约为 2 万亿元。

（三）产业基础日益完善

2022 年，我国锂电储能技术持续进步，产业规模连续保持全球领先。在全球锂电池前 10 的企业中，我国的宁德时代、比亚迪等企业占据 6 席，且已形成完备的配套产业体系。我国锂电储能产业在磷酸铁锂、三元锂电池技术方面具有一定的优势，尤其是在固有安全性更高、更适合储能的磷酸铁锂技术领域，我国企业具有绝对优势，产量在全球的占比在 90%以上。我国锂电池行业骨干企业的研发投入在全球处于领先水平，宁德时代等龙头企业先后研发出能量密度超过 320Wh/kg 的单体三元电池，国内磷酸铁锂电池的单体能量密度已经突破 200Wh/kg（据报道），均达到国际先进水平。宁德时代推出麒麟电池技术、比亚迪推出刀片电池技术、蜂巢能源推出无钴电池技术，这些技术从不同角度提高电池包体积利用率，增大系统能量密度，并从材料角度降低生产成本。

二、效益情况

2022 年全年，锂电全行业总产值突破 1.2 万亿元。据电池中国网统计，上游矿产、原料企业 2022 年的净利润合计超过 1000 亿元，企业普遍实现了营业收入同比增长，绝大多数企业实现了净利润同比增长。

三、重点产品的情况

磷酸铁锂电池由于在成本及安全性能等综合性能方面具有优势，成为我国锂电储能市场的主流产品。宁德时代、比亚迪、亿纬锂能、国轩高科等企业占据较大的市场份额。

（一）宁德时代

宁德时代早在 2011 年就参与了国家电网张北风光储输示范项目，至 2018 年上市时募集了 53.52 亿元的资金，其中有 20 亿元被用于动力及储能电池的研发。宁德时代的储能系统业务包括电芯、模组、电箱和电池柜；主要采用磷酸铁锂作为正极材料；产品以方形电池为主，用于发电、输配电和用电领域，涵盖大型太阳能或风能发电储能配套、工业企业储能、商业楼宇及数据中心储能、储能充电站、通信基站后备电池等。

（二）比亚迪

比亚迪早在 2008 年就开始布局储能领域，2009 年建成首个储能电站，业务由储能产品逐步发展到整套能源管理系统。目前，比亚迪可提供从发电到储电，再到用电的整套新能源解决方案。此外，比亚迪还研发了大型储能、家用储能等多种类型的储能产品，涵盖各类应用场景。截至 2018 年年底，比亚迪全球签单量约为 600MWh，其中出口美国十几个储能集装箱，出口英国 200 多个集装箱。

（三）亿纬锂能

亿纬锂能专注于锂电池的创新发展，聚焦于动力、储能市场领域。亿纬锂能的储能系统产品主要应用于家庭、通信基站、智能微网和行业储能等领域。亿纬锂能自 2015 年开始聚焦于动力储能市场领域，动力储能产能规模在 2021 年已达到 21GWh，其中方形铁锂电池的产能规模为 95GWh。

（四）国轩高科

国轩高科在 2015 年成立了专注于储能产业的全资子公司——上海国轩新能源（合肥）储能科技有限公司，并具备大于 200MWh 储能电芯、模组系统和电站供应能力。

第二节　存在的问题

一、上游原料价格波动幅度过大

在基础锂盐价格大幅上涨的带动下，2022 年锂电池产业链部分原料和电芯的价格同比大幅上涨。进入 2023 年，碳酸锂的价格快速下降，目前已降至 20 万元/吨以下的水平。上游材料价格下降对于降低锂电池生产成本、推动产品下游应用具有积极作用，但是如果原料价格剧烈波动并超出正常范围，就可能会扰乱市场的价格秩序，使价格失去调节生产、流通和消费的功能，将对优化资源配置产生不利的影响，甚至可能会使电池生产商面临市场失衡的问题。

二、存在低端产能盲目提高风险

目前，主流锂电池企业已发布的 2025 年规划产能合计达到 3TWh，另外还有近 30 家上市企业公开表示跨界进入锂电池行业。单是 2023 年第一季度，锂电池领域就已公布了 70 余个投资计划，电池企业、下游应用企业及第三方企业从各自的角度出发进行锂电池产能布局。如果不能科学地统筹供需关系，从全局考虑锂电池产能规划布局，那么未来可能会出现产能过剩的问题。

三、动力电池上游资源争夺愈演愈烈

全球巨大的市场需求势必引发对锂电池上游诸如锂、镍、钴等关键矿产资源的白热化争夺。美国在对自身供应链进行审查后提出与其盟友建设锂电池上游原料供应体系，支持美国本土研发和开矿工作。韩国提出加强政府间的合作，通过民间和官方的合作加强矿物原料的供应，确保能够满足国内需求的再利用材料供应。我国锂资源的对外依存度接近80%，镍、钴资源的对外依存度超过90%，这些关键原料的供应受国际环境的影响较大。

区域篇

第七章

典型地区分析

第一节 典型地区：安徽省

一、运行情况

受新冠疫情、原料价格上涨、国内和国际形势等因素的影响，外需持续低迷，贸易环境风险升高，用工、物流等生产要素的综合成本不断提高。消费品行业的市场端消费不振，生产端受限明显，在供需两端承压的情况下，消费品行业的经济运行持续放缓。2022 年，安徽省消费品行业的工业增加值增长了 0.2%，主营收入接近 1 万亿元，利润近 600 亿元。其中，安徽省家电行业规模以上企业为 200 多家，冰箱、空调、洗衣机"三大件"的产量超 7800 万台，营业收入超 1500 亿元，利润超 100 亿元；规模以上纺织企业超 1400 家，营业收入超 1200 亿元，利润近 45 亿元；规模以上食品生产企业的营业收入超 3300 亿元，利润近 220 亿元；规模以上医药生产企业的营业收入超 1000 亿元，利润超 80 亿元。

二、发展经验

（一）持续发力，扎实实施消费品工业"三品"战略

一是继续开展消费品工业"三品"示范企业评审认定工作。2022 年，安徽省共评审认定消费品工业"三品"示范企业 106 家。通过示范企业认定，强化政策引导，积极鼓励企业加强新产品研发，提升产品供给质量，安徽省消费品工业的知名度和美誉度整体有所提高，消费品工业"三品"示范企业的品牌影响力逐步提升，有力地促进安徽省的消费品工业迈向中高端行列。

二是扎实推进数字化助力"三品"工作。根据工业和信息化部、中华人民共和国商务部（以下简称商务部）、国家市场监督管理总局（以下简称市场监管总局）、国家药品监督管理局（以下简称国家药监局）、国家知识产权局联合印发的《数字化助力消费品工业"三品"行动方案（2022—2025 年）》的有关要求，积极支持消费品工业进行数字化转型，出台实施细则，对消费品工业国家百亿元规模知名品牌企业、"三品"数字化服务平台企业、具有示范带动作用的"三品"应用场景典型案例企业予以支持。

三是塑造"皖美制造"品牌形象。创新搭建"精品安徽·皖美智造"央视宣传平台，强化省市联动、政企协作，在央视黄金栏目精准宣传安徽省的特色产业、特色企业、特色产品，进一步提升安徽制造、安徽品牌、安徽企业的影响力。

（二）推深做实，建立盐业与食品行业管理新机制

一是完善食盐专营管理。印发《安徽省关于进一步加强食盐储备管理

工作的通知》，建设和完善省、市分级负责的食盐储备体系，开展两家食盐定点生产企业、80 家食盐定点批发企业资质动态管理，加强合格加碘和未加碘食盐供应监管。

二是夯实食品行业的管理基础。印发《安徽省"十四五"食品工业发展规划》，全力发展白酒、休闲食品、茶 3 个优势产业，加快提升粮油加工等 6 个重点产业，积极培育未来产业。

三是推动行业提质、扩量、增效。开展预制菜产业、地方特色食品产业等课题研究，举办食品工业企业诚信管理体系建设暨数字"三品"赋能培训班，推动国产婴儿配方乳粉、食盐等追溯体系的建设。

（三）聚力顶层设计，扎实推进智能家电（居）"招大引强"工作

一是高质量编制行业发展规划。编制和印发《安徽省"十四五"智能家电（居）产业发展规划》《安徽省"十四五"纺织工业发展规划》《智能家电（居）产业"双招双引"工作实施方案》，注重规划方案和宣传解读，引导地方优化产业布局和加强"四化"（数字化、网络化、智能化、绿色化）改造。

二是健全招引机制。充分发挥市、县的主战场和主阵地作用，制定招商重点企业清单，扩大项目线索来源，梳理新项目，跟进在谈项目，定期更新项目进展表，全力推进龙头企业招引、培育，协调推进已签约落地重大项目的建设。积极调动和发挥有关商协会、产业联盟的作用，对接联系国家行业商协会和重点企业，不断扩大招引成果。

三是全力招大引强。研究、落实智能家电（居）产业统计标准和统计监测体系，制定智能家电产业发展基金组建方案，创新"云洽谈"和实地招引方式，赴杭州市、深圳市、珠海市等重点家电企业，开展"双招双引"

工作。组织安徽省企业家座谈会，推动企业加快在安徽省的项目的建设、扩大投资规模。

（四）多措并举，积极搭建展销平台，促进行业平稳、健康发展

一是举办 2022 世界制造业大会，完成工艺美术展馆的搭建和展演，举办纺织服装产业发展论坛、食品饮料先进制造论坛、中国·桐城绿色包装产业发展论坛等重要活动，持续提升安徽省品牌的知名度和影响力。

二是组织企业参加长三角绿色食品加工业（小岗）大会、第 23 届中国·青海绿色发展投资贸易洽谈会、第二届中国（青海）国际生态博览会、全国农产品深加工典型企业宣传推广活动暨泸州市农产品投资贸易合作推介会。

三是组织 5 场省内家电主机企业与广德市和宿松县的电子电容及集成电路配套企业、蚌埠市的塑料企业、灵璧县的轴承企业之间的产需对接活动，组织和引导产业上下游配套企业协同合作，增强产业链供应链的韧性。

三、启示与建议

一是围绕产业高端化，聚势推进"双招双引"。充分发挥基金助力产业强链、补链、延链的作用，瞄准国内外知名品牌主机企业、小家电设计研发及核心配套企业，抢抓消费升级、技术升级、模式升级时机，着力在关键零部件、芯片及元器件、传感器、新材料等方面的颠覆性技术上补短板，推动产业链上下游企业提升技术、产品创新能力和核心竞争力，扶持细分领域企业做大做强。引导协会联盟发挥"招大引强"和产业研究优势，提升厨卫、生活等功能性产品招引和产业园就近配套水平。

二是围绕制造智能化，加快行业"智改数转"。深入推进数字化助力消费品工业"三品"工程，引导企业围绕研发、设计、制造、营销、服务等全链条开展"智改数转"。强化与云计算、人工智能、大数据、5G 等新一代信息技术的融合，构建"产业大脑"，赋能高质量发展。组织服务商开展咨询诊断服务，推动智能制造"进园区、进集群"，促进"改""转"两端高效对接。落实《数字化助力消费品工业"三品"行动方案（2022—2025 年）》的相关要求，积极申报国家级消费品工业百亿元规模知名品牌企业、"三品"数字化服务平台企业、"三品"应用场景典型案例企业评审认定工作。

三是围绕对接精准化，增强产业的黏性、韧性。持续开展皖酒、皖茶等特色产品的全国行活动，组织企业参加中国食品博览会、中国青海结构调整暨投资贸易洽谈会等展会。引导合肥市、芜湖市、滁州市进行制造、消费、服务等环节的产销精准对接，通过用户端带动产业端提档升级。对接不同群体的消费需求，联合产业联盟、直播协会组织省内专业电商平台和生产企业举办专场直播带货等活动，提高生产企业的高品质、个性化产品供给能力，拉动消费升级。

第二节　典型地区：广东省

一、运行情况

2022 年，广东省实现地区生产总值 129 118.58 亿元，比 2021 年增长 1.9%。第二产业在三大产业结构中的比例提高 0.4 个百分点，对地区生产总值增长的贡献率为 52.9%。工业增加值增长 2.6%，规模以上工业企业完成工业增加值 39 533.52 亿元，比 2021 年增长 1.6%。其中，高技术制造业的工业增加值比 2021 年增长 3.2%（医药制造业的工业增加值增长 15.1%，医疗仪器设备及仪器仪表制造业的工业增加值增长 8.3%，电子及通信设备制造业的工业增加值增长 1%，计算机及办公设备制造业的工业增加值增长 12.6%），占规模以上工业企业工业增加值的比例为 29.9%。先进制造业的工业增加值比 2021 年增长 2.5%，占规模以上工业企业工业增加值的比例为 55.1%。优势传统产业的工业增加值比 2021 年下降 1.8%，其中家用电力器具制造业的工业增加值下降 1%，食品饮料业的工业增加值增长 9.9%，家具制造业的工业增加值下降 5.3%，纺织服装业的工业增加值下降 9.5%。面对错综复杂的国内外经济形势，广东省深入实施消费品工业"三品"战略，扎实推动消费品工业高质量发展，大力实施保供稳价和减税降费政策，助力汽车、新能源和医药等产业加快发展并做大做强，推动消费品工业发展稳中有进、稳中向好，为全省工业经济增长提供了有力的支撑。

二、发展经验

（一）强化管理体系建设，推动行业全面发展

一是开展消费品领域重点行业的深度调研。开展针对老幼病残用品、基因测序仪、家电、电子烟、纺织服装、传统优势食品产区和地方特色食品等消费品领域重点行业现状的调研，找准行业发展存在的问题，提出有针对性的建议。

二是强化、细化行业发展谋划。结合学习和深度调研结果，推进广东省老幼病残用品行业高质量发展的实施意见、广东省纺织服装业高质量发展的实施意见、消费品工业"数字三品"三年行动方案等谋划出台，推动消费品工业数字化转型、绿色化发展、智能化改造等。

三是促进工艺美术行业的发展。指导广东省工艺美术协会开展第八届中国工艺美术大师广东省申报评审推荐工作，协调中国轻工业联合会于广东省首次举办中国工艺美术大师评审，在此次评审中，广东省获评人数近

10 人。联合广东省人力资源和社会保障厅在《广东省深化工艺美术专业人员职称制度改革实施方案》中增加了乐器等多个专业的正高级职称评审项目，实现广东省乐器制造业正高级职称专业技术人才"零"的突破。

（二）超额完成追溯任务，保障产品质量稳定

一是超额完成食盐电子追溯任务。会同市场监督管理局推动省内多家食盐定点生产企业实现了与全国食盐电子防伪追溯服务平台的对接并成功上传数据，完成率达 200%。

二是超额完成婴儿配方乳粉追溯任务。在确定每家婴儿配方乳粉企业的查询量后，广东省便立即组织相关地市和企业共同研究，分配年度工作任务，并要求每家企业按照广东省制定的目标推进相关工作，提前完成任务。

三是超额完成食品工业企业诚信管理体系国家标准培训任务。按照规定完成百余家食品工业企业的食品工业企业诚信管理体系国家标准培训任务，组织召开全省食品工业企业诚信管理体系国家标准线上培训会（共有全省各市组织的 900 余家食品工业企业的近千人参加）。

四是加强电动自行车安全生产宣贯。开展电动自行车生产企业摸底工作，组织电动自行车强制性国家安全标准宣贯暨消费品工业疫情防控及安全生产工作视频会议，引导企业执行电动自行车强制性国家安全标准，为市场提供更加优质的产品和服务。

五是做好药品供应和安全追溯。按要求帮助集采中选药品、短缺药的生产企业稳定生产供应链，确保药品质量安全。起草规范性文件《广东省中药材产业化基地培育建设的管理办法（试行）》，将中药材物联网建设、全流程追溯等相关指标列入，作为重要建设指标之一，力求从源头保障中药材的质量。

（三）联手多方合力，促消费、降库存、保订单

一是开展促消费系列活动。推动《2022"三品"全国行（广东站）活动方案》《2022—2023"粤造粤强 粤贸全球"广货促消费联合行动工作方案》等多个文件出台，着眼于工业、商贸、居民消费全链条，推动工业经济平稳增长。截至 2023 年年初，已推动各地市、各行业成功举办超 40 个精彩纷呈的促消费活动，推动广东省消费品工业推陈出新且成效明显。例如，珠海市举办第四届珠澳婚博会暨名品家博会，展览面积为 15 000 平方米，吸引近 200 家参展商、3000 多种产品齐聚现场，参观观众累计超 4000 人，通过"以展促销"的形式助力珠海市消费市场的发展。

二是加强适销对路产品供给。遴选优质老年用品，共推荐将近 200 个产品报工业和信息化部，其中 50 余个产品被纳入国家首批老年用品产品推广目录，广东省入选产品数全国第一。推荐广东省成果申报工业和信息化部食品工业"三品"专项行动典型成果，申报成果比 2021 年多 10 余项。面向本省各家电生产企业发出《积极参与家电下乡和"以旧换新"行动 持续促进绿色智能家电消费倡议书》，号召企业通过产品升级拓宽销售渠道，通过让利并组织回收等方式促进消费。

（四）提升靠前服务能力，解决产业现实难题

一是推进解决凉茶原料鸡蛋花进口受阻问题。广东省会同海关总署广东分署联合召开政府部门、企业两方会议，专题研究鸡蛋花进口解决方案，在一个月内，海关总署广东分署高效地完成了鸡蛋花生物安全风险评估，并于 2022 年 8 月经海关总署审查后在官网准入产品目录中公布，依法依规将鸡蛋花重新纳入准予进口农产品名单，避免了广东省凉茶产业 200 亿元的产值损失，保障了凉茶产业链供应链上下游数万家企业的正常生产经营。

二是在濒危物种豁免清单中加入乐器产业物料黄檀木。为了更好地引导和支持广东省乐器产业的良性发展，推动相关产品出口，组织有关部门和有关乐器生产企业召开工作会议，研究使用黄檀木的乐器出口退税有关事宜，推动中华人民共和国濒危物种进出口管理办公室和海关总署在2022年第2号公告中明确黄檀木用于乐器成品和半成品及配件进出口不按濒危物种监管，无须再办理豁免手续，企业可按普通产品办理出口退税。

三、启示与建议

一是继续推动行业建设。保障物资、人力、能源、原料等的供应，加强分析其对行业、企业的影响。持续加大工业投资力度，加强技术创新，攻克核心技术，通过鼓励龙头企业、研发机构和高等院校等单位加强对关键技术的研究和成果应用，发现新的增长引擎。开展对医药、食品、家电等传统优势产业高质量发展的调研，研究和出台相应的政策文件。

二是深入开展促消费活动。指导各地市、各行业全面推进各项活动的开展，强化宣传引导，深挖消费潜力，推动消费品全链条稳步向好发展。畅通国内国际双循环，解决订单不足问题。通过开展市场调研，根据用户需求，加强研发产品来抢占市场，增强用户黏性，形成稳定的订单来源。

三是加强地区联动，助力地区均衡发展。根据珠三角地区各市原有产业分工的特点，充分利用地理、人才、技术、设施等多方面的优势，壮大龙头企业，引进大企业，开发大项目，挖掘城市亮点，打造城市产业新名片，推动产业结构升级，形成新的特有产业优势。深入开展制造业产业转移工作，缩小地区发展差距。鼓励珠三角核心区制造业向粤东西北地区转移，分散生产经营风险，实现资源优化，靠近消费者市场，降低运输成本，减少运输限制，实现产业链、科研创新一体化发展，推动大市带小市，促进区域协同发展，共同实现做强、做优、做大。

第三节　典型地区：陕西省

一、运行情况

2022 年，陕西省高效统筹疫情防控和经济社会发展，陆续将各项促消费政策落地，不断释放市场需求，持续推进消费升级步伐，尤其是线上消费增势良好，全省消费市场呈现稳步恢复态势。2022 年，陕西省社会消费品零售总额达 10 401.61 亿元，消费品市场规模比 2021 年扩大 151.11 亿元，同比增长 1.5%。随着消费者购物方式网络化趋势进一步强化，商贸企业加快数字化转型步伐，线上消费热度不减，对消费市场的持续恢复起到了重要的作用。2022 年，陕西省消费品工业规模以上企业主要产品的产量情况如下：纱的产量为 35.67 万吨、布的产量为 64775 万米、精制食用植物油的产量为 178.14 万吨、卷烟的产量为 823 亿支、白酒的产量为 17.31 万千升。

二、发展经验

（一）提升供给能力和拓宽销售渠道

创新工作方法，提升企业的有效供给、精准供给水平，不断拓宽陕西省"名优新特"产品的销售渠道，联合有关单位共同打造"3 中心 1 平台"，即打造消费品工业产业大数据中心、数字化营销中心、数字化人才培养中心，以及一体化智能综合管理平台。深入落实《数字化助力消费品工业"三品"行动方案（2022—2025 年）》，推动数字化助力"增品种、提品质、创品牌"，通过产业与数字化的深度融合，加强工业企业产品数据叠加智能分析，使产业发展现状、趋势走向、品牌建设等情况实现数据化呈现，引导企业及时调整产品结构，适应市场需求，进一步拓宽销售渠道。

（二）实施消费品工业"三品"战略，提升产业品牌影响力

以大力实施消费品工业"三品"战略为抓手，提升产品品质和品牌影响力。组织拍摄《中国硒谷》专题片，全力培育和打造"中国硒谷"知名品牌，打造全国富硒茶、绞股蓝、黄姜之乡，以及优质烟叶、魔芋基地。印发《陕西省白酒产业高质量发展三年行动计划（2023—2025年）》，按照"省市协同，政企协力；科学布局，突出优势；科技引领，创新驱动；要素聚集，三产融合"的原则，聚焦于科技研发、企业培育、品牌打造、质量标准和服务体系建设、市场开拓等重要环节，以供给侧结构性改革为主线，持续优化产业布局、完善产业配套，支持"链主"企业做大做强，推动产业链上下游企业资源汇聚、融通发展，持续提升陕西省白酒产业链发展的韧性和核心竞争力。

（三）加快推动医药产业高质量发展

深入落实《以高质量监管和服务促进全省医药产业高质量发展若干措施》，进一步深化审评审批制度改革，推进 GLP 实验室建设，推动仿制药一致性评价工作再上新台阶，促进陕西省医药产业结构优化升级。指导和鼓励药品企业积极参与国内及国际市场的竞争，整合资源并汇聚优势力量，引导企业积极主动地开展仿制药一致性评价工作，聚焦于关键问题，找差距、查短板，有针对性地进行改进和提升，持续加大科技研发投入，提高自主创新能力，着力打造"秦药"品牌。

（四）切实做好纺织服装业的管理

加强顶层设计和政策引领，研究和编制纺织行业发展规划，与中国服装设计师协会、陕西省外事办联合主办"2022 丝路长安·国潮服装设

计大赛"。该大赛收到 70 所院校及海内外 46 位独立设计师的参赛作品 821 份，最终 26 份作品脱颖而出，顺利进入决赛。组织召开全省纺织服装业发展推进会，交流和研讨行业发展趋势，为进一步提升纺织服装业的核心竞争力奠定了坚实的基础。

（五）积极举办各类展会和活动

在第二届中国国际消费品博览会期间举办陕西省采购与投资说明会暨陕西消费精品推介会，会上共签订采购合同 18 个，金额达 27.01 亿元。组织特色消费品产品企业通过淘宝、京东等知名电商平台参与"2022 全国网上年货节"，累计销售额为 5520 余万元。举办了"陕西名优产品·香港线上展览"，50 余家消费品企业参加了此次展览，进一步拓宽了陕西省"名优新特产品"的销售渠道。携手京东举办了"品质硒品，惠享生活"安康线上好物节，仅活动当天，多个主播的直播间人气爆棚，直播间观看人数累计达 220 万人，活动专区总曝光 2097 万次。

三、启示与建议

陕西省在推动生物医药、富硒食品、白酒产业链发展等方面取得积极成效，持续推动产业结构优化，促进转型升级，推动消费品工业平稳增长。面向未来，笔者建议重点做以下几个方面的工作：一是持续推动生物医药和富硒食品产业链快速发展；二是以宝鸡市打造"中国凤香型酒城"为契机，提升陕西省白酒产业的核心竞争力；三是推进数字化助力消费品工业"三品"工程，促进陕西省消费品行业高质量发展；四是做好重点项目的跟踪服务工作，力争培育一批知名企业和特色名优产品。

园区篇

第八章

典型园区研究

第一节　典型园区：中关村科技园区

一、园区基本情况

中关村科技园区是我国第一个国家级高新技术产业开发区、第一个国家自主创新示范区、第一个国家级人才特区，是我国科教智力和人才资源最为密集的区域。经过多年的发展，中关村科技园已形成"一区十六园"的发展格局，并初步形成了"一南一北，各具特色"的生物医药产业空间布局（"一南"是指以亦庄和大兴生物医药基地为核心的高端产业基地，"一北"是指以中关村生命科学园为核心的研发创新中心）。其中，南部重点加强对医药健康产业发展的土地、空间的优先保障，承接北部及全球科技创新成果落地；北部重点加强对前沿技术突破和颠覆性技术创新项目的转化服务与专业孵化器建设。中关村科技园区培育了中关村生命科学园、大兴生物医药产业基地、亦庄生物医药园、贝伦产业园等十几个生物医药专业园区，拥有各类公共服务平台 300 多个，为企业提供孵化转化、研发、工程化、中试、生产代工、园区落地等全链条服务，聚集了近万家生物医药企业。

二、典型经验做法

中关村生命科学园作为中关村科技园区生物医药产业的核心承载地，采用典型的政府主导型的园区运营模式。自中关村生命科学园成立之始，中关村科技园区管理委员会就通过设立北京中关村生命科学园发展有限责任公司来对中关村生命科学园进行专业化的打造、运营和企业招商。经过多年的发展，中关村生命科学园的产业要素不断聚集，自主创新能力不断提升，成为"中国药谷"的重要组成部分。

（一）利用政策优势助力企业打开市场，引导企业加大研发投入

近年来，中关村科技园区始终把加强企业科技创新放在发展全局的核心位置，并将企业技术研发作为政策支持的关键着力点，不断推动园区加大创新投入。一是聚焦于技术创新，以技术创新能力突破带动企业综合实力整体跃升，重点针对关键技术创新、前沿与颠覆性技术创新、创新联合体等方面的内容加强资金政策设计。二是聚焦于人才战略，自 2008 年中关村被评为国家级"海外高层次人才创新创业基地"以来，国家和北京相继制定并出台了一系列支持政策，在组织架构、实施措施、人员配备、资金保障等多个方面加以落实，形成了"尊重人才、重视人才、服务人才、发展人才"的良好创新创业环境。三是持续深化各项改革措施，不断优化行政审批制度，提升政务服务水平，重点深化"放管服"改革，优化资金申请和支持方式，进一步提升企业的获得感并减轻企业准备申报材料的负担。

（二）成立专业的园区运营公司，以便实现对园区产业的一体式打造、运营、管理

北京中关村生命科学园发展有限责任公司成立于 2000 年，系中关村发展集团成员，主要承担中关村生命科学园的土地一级开发、公共配套服务设施建设及园区招商工作。作为推动中关村生命科学园发展的重要载体，北京中关村生命科学园发展有限责任公司以生物领域的重大项目为主要依托，集生命科学研发、企业孵化、中试与生产、成果评价鉴定、生物技术项目展示发布、风险投资（Venture Capital，VC）、国际交流、人员培训、生物医药产业促进与服务等于一身。近年来，在园区平台公司（北京中关村生命科学园发展有限责任公司）的带动作用下，中关村生命科学园获得党和国家领导人的高度认可，园区内的产业创新资源不断聚集、优秀企业不断壮大、产业生态不断完善，现园区已形成了基础研究—转化流通—临床的产业闭环，在我国生物医药产业园的发展中蹚出了一条新道路，并在全国范围内起到了良好的带头示范作用。

（三）创新创业生态持续优化，体制机制不断完善

近年来，中关村示范区创新生态持续优化，对全球创新要素的吸引力不断增大。一是着眼于软环境建设，打造中关村示范区硬实力。从强化科技成果转化路径和支撑条件、提升知识产权创制应用能力、支持提供高水平科技服务公共产品等方面入手，着力培育形成全球一流的创新创业生态。二是聚焦于核心要素，补齐中关村示范区创新创业生态短板。重点布局和加强技术转移机构、产业研究院、概念验证平台和共性技术服务平台，以及各类科技服务机构、社会组织的建设，助力中关村示范区创新创业生态能级提升。三是财政资金使用方法精准，切实提高了财政资金的使用效

能。将财政资金聚焦于生态环境中直接服务于创新主体研发的关键环节，以及对优化创新生态发挥较强支撑作用的平台、机构、组织，提高了财政资金的使用效能。

三、园区龙头企业

（一）博奥生物

博奥生物（全称为博奥生物集团有限公司）是以清华大学为依托，联合华中科技大学、中国医学科学院、军事医学科学院注册成立的，是我国医药健康产业的国有创新型高科技企业，也是我国首个以企业化方式运作的国家级生物芯片工程研究中心。博奥生物主要提供临床诊断产品研发、生产、销售及全国第三方独立医学实验室服务。博奥生物拥有优秀的研发、生产、营销和服务团队，与国内近百家知名三甲医院、医科大学、公安和司法机构建立了战略合作关系，还与罗氏应用科学、罗氏诊断、热电等国际生命科学和医学诊断领域的知名企业建立了伙伴关系，产品及服务出口北美、欧洲、亚洲等 30 多个国家和地区。其中，诊断用生物芯片及相关仪器已进入英国、德国、瑞典、意大利、西班牙、奥地利、瑞士、葡萄牙、芬兰、丹麦、日本、新加坡、俄罗斯、哈萨克斯坦、吉尔吉斯斯坦、伊朗等国家的数百家医院。

（二）百济神州

百济神州［全称为百济神州（北京）生物科技有限公司］是一家全球生物制药企业，专注于开发创新、可负担的药物，以便为全球患者改善治疗效果和提高药物可及性。目前，百济神州广泛的药物组合包括 40 多款临床候选药物。百济神州 3 款自主研发的创新药物已处于商业化阶段，BTK 抑制剂百悦泽（泽布替尼胶囊）正在美国、中国、阿联酋和加拿大进行销售,抗 PD-1 抗体药物百泽安(替雷利珠单抗注射液)、PARP 抑制剂百汇泽(帕米帕利胶囊)正在中国进行销售。2016 年 2 月 3 日,百济神州在美国成功 IPO(Initial Public Offering,首次公开募股),并于 4 月 21 日在美国纳斯达克敲响开市钟。这是 2016 年美国 IPO 第一单。百济神州也是第一家赴美上市的本土创新型生物制药企业。2018 年 8 月 8 日,百济神州在香港联合交易所(以下简称香港联交所)成功上市,成为首个在美国纳斯达克和香港联交所双重一级上市的本土生物制药企业。2022 年,百济神州实现营业收入 95.66 亿元,较 2021 年同期增长 26.1%。

(三)民海生物

民海生物(全称为北京民海生物科技有限公司)是深圳康泰生物制品股份有限公司的全资子公司,是国家高新技术企业、北京的 G20 企业,主营业务为人用疫苗类产品的研发、生产和销售。目前,民海生物有无细胞百白破 b 型流感嗜血杆菌联合疫苗、b 型流感嗜血杆菌结合疫苗、麻疹风疹联合减毒活疫苗、23 价肺炎球菌多糖疫苗 4 款疫苗上市销售。其中,无细胞百白破 b 型流感嗜血杆菌联合疫苗是我国首创的,现仍为国内市场的独家产品。依托院士工作站,民海生物搭建了 8 个现代化的新型疫苗研发技术平台,分别为结合疫苗技术平台、联合疫苗技术平台、基因工程疫苗技术平台、口服疫苗技术平台、疫苗质量评价平台、细胞无血清培养基适应和大规模培养技术平台、mRNA(信使 RNA)疫苗平台、VSV(水疱性口炎病毒)疫苗平台。同时,民海生物还建设了完善的人才培养体系,培育了众多层次高、经验丰富、活力强的一线研发和管理人才。民海生物拥有强大的销售网络,销售范围覆盖全国 31 个省(市)和自治区,近 3 年的销售收入逐年增长 50%以上。

第二节　典型园区：上海张江高新技术产业开发区

一、园区基本情况

上海高新区始建于 20 世纪 90 年代初期。当时，上海漕河泾新兴技术开发区是首批国家级高新区之一，随后于 1992 年更名为上海高新技术产业开发区，而张江高科技园区与上大科技园、中纺科技园、金桥园、嘉定园等则作为其组成部分。2006 年，经国务院批准，上海高新技术产业开发区正式更名为上海张江高新技术产业开发区。目前，上海张江高新技术产业开发区内已形成生物医药、信息技术、节能环保、高端装备制造、新材料、新能源、文化科技融合、现代服务等几大产业集群。其中，生物医药产业作为上海张江高新技术产业开发区的主导产业，经过多年的发展，已发展为由"4 校、1 所、3 院、40 多个中心、近百个公共服务平台"构成的企业、高校、科研院所研发创新产业群，吸引了罗氏制药、诺华、辉瑞、阿斯利康等多家跨国医药研发中心，聚集了中国科学院上海药物研究所、国家新药筛选中心、国家新药安全评价中心等一批国家级科研机构，汇聚了上海中医药大学、复旦大学上海医学院等高校，培育了中信国健、微创医疗、睿星基因、艾力斯医药、复旦张江等一大批明星企业，并有罗氏制药、勃林格殷格翰、葛兰素史克等大型生产企业，以及 300 余家研发型科技中小企业，40 余家 CRO（Contract Research Organization，研发外包组织）落户张江，形成了国内最为完善的生物医药创新网络。

二、典型经验做法

作为张江三大主导产业之一，生物医药产业始终是张江炫彩夺目的标签之一。从其发展历程来看，上海张江生物医药基地是在政府主导下成立园区管理委员会和独立的园区运营公司负责招商与运营，并充分结合上海国际金融中心的定位与赋能，助力园区内的企业快速发展的，采用的是典型的政府主导的产业运营模式。从全国范围来看，张江模式依然是全国独树一帜的存在。

（一）成立上海张江生物医药基地开发有限公司，承担基地的开发运营、集成服务和科技投资工作

上海张江生物医药基地开发有限公司成立于 2001 年，注册资本为 10 亿元，系上海张江集团的成员，主营业务为上海张江生物医药基地内土地成片开发与经营、高科技孵化设施开发与经营、生物医药科技成果推广与转化等。上海张江生物医药基地内聚集了国内外生命科学领域的企业、科研院所及配套服务机构 400 多个，基本形成了完善的生物医药创新体系和产业集群，已成为国内生物医药领域研发机构最集中、创新实力最强、新药创制成效最突出的基地之一。此外，上海张江政府还通过下属国有企业（上海张江集团）成立专门针对上海张江生物医药产业发展的科技企业，创新药、医疗器械等细分赛道的产业运营和招商及面向中小企业的投融资企业等，旨在全力促进产业健康、有序发展，将"张江药谷"打造成世界级生物医药产业集群。

（二）创新引入新药研发创新孵化模式 VIC+Q，助推企业完成新药创制

随着上海张江生物医药产业的快速发展，为避免出现新药研发的创新性不足，防止企业陷入同质化竞争的泥潭，上海张江高新技术产业开发区通过向美国硅谷借鉴学习，使其园区内具有按国际专利分类的医药研发企业（International Patent Classification，IPC）、CRO、VC 机构充分发挥各自的优势，创新引入新药研发创新孵化模式 VIC（VC+IPC+CRO），助力企业降低研发风险，加速产业化、资产化和证券化。之后，由于国内行业环境发生变化，创新药研发整体产出率降低，成本攀升，国内医药企业对知识产权的重视程度与理解和运用能力与日俱增。国内 CRO 的快速发展加速了 VIC 模式在国内的发展，但也让张江模式的先发优势被逐渐缩小。随后，上海张江高新技术产业开发区继续尝试开辟新药孵化新模式 VIC + Q，其中 Q（Quality，质量）是最为关键的质量监管和保障体系，通过将 VC、IPC、CRO 和 Q 四者进行有机结合，帮助解决上海张江生物医药产业中新药研发的难点、热点问题，提高新药研发的成功率及重点项目的孵化成功率。

（三）充分发挥先行先试政策优势，多措并举打造科创特色营商环境

自上海张江生物医药基地建设以来，上海张江政府始终贯彻落实《上海市推进科技创新中心建设条例》《上海市优化营商环境条例》等相关法律法规，发挥上海张江高新技术产业开发区在优化营商环境方面的引领示范作用，先行先试各类举措；深化"放管服"改革，完善市场准入机制，落实国家市场准入负面清单、外商投资准入负面清单制度；落实推广"一业一证"改革，试行一批更有力度的改革举措；推动有条件的园区开通经济管理、开发建设管理等权限；建立简便、高效的行政审批制度，推行告知承诺制度，推进项目建设审批制度改革。

三、园区龙头企业

（一）上海罗氏

罗氏集团是全球领先的生物技术企业之一，是抗肿瘤、抗病毒、移植等关键领域的市场领导者，是首家进驻上海张江高科技园区的跨国企

业，于 1994 年成立了上海罗氏（全称为上海罗氏制药有限公司），于 2004 年和 2007 年分别成立了罗氏研发（中国）有限公司和罗氏全球药品开发上海中心，成为首家在上海独资设立研发中心的跨国医药企业。在大型跨国医药企业中，罗氏集团率先建成了包括研究、开发、生产、营销等环节在内的完整的医药价值产业链，为中国患者提供抗肿瘤、抗感染及抗病毒、移植、风湿免疫等多个关键治疗领域的突破性药品。目前，罗氏集团在我国拥有 22 款产品，其中赫赛汀®、安维汀®、特罗凯®、佐博伏®、安圣莎®、帕捷特®、美罗华®7 款靶向药物及一款生物制剂——雅美罗®被列入国家医保目录，覆盖 8 个治疗领域。

（二）复旦张江

1996 年，复旦张江（全称为上海复旦张江生物医药股份有限公司）依托上海医药集团、复旦大学、上海实业注册成立，总部位于上海张江高科技园区内，是上海"药谷"的核心组成部分。复旦张江是一家专业从事基因工程药物、光动力药物、脂质体药物和医学诊断产品的研发、生产、销售业务的 A+H 双板上市企业。目前，复旦张江拥有光动力技术药物（艾拉®和复美达®）、纳米技术药物（里葆多®）、基因工程技术药物（暂无产品上市）、口服固体制剂药物（暂无产品上市）、医学诊断产品（贝喜®）及相关技术平台，主要覆盖皮肤性病治疗和抗肿瘤治疗领域，在光动力技术领域处于世界领先水平。2022 年，复旦张江实现营业收入 10.3 亿元。

（三）复宏汉霖

复宏汉霖（全称为上海复宏汉霖生物技术股份有限公司）是一家国际化的创新生物制药企业，是中国领先的生物制药企业，旨在为全球患者提供质高价优的创新生物药，产品覆盖肿瘤、自身免疫性疾病等领域。复宏汉霖在中国上海、台北和美国加州均设有研发中心。2019 年，复宏汉霖在香港联交所主板挂牌上市。目前，复宏汉霖已在中国上市 5 款产品，在国际上市 1 款产品，有 18 项适应证获批，有 1 个上市注册申请获得国家药监局受理，有 3 个上市申请分别获国家药监局、美国 FDA（Food and Drug Administration，食品药品监督管理局）和 EMA（European Medicines Agency，欧洲药品管理局）受理，有 16 款产品在全球范围内开展 30 多项临床试验，对外授权全面覆盖欧美主流生物医药市场和众多新兴市场。2022 年，复宏汉霖实现营业收入 32.15 亿元，同比增长超 90%。

第三节　典型园区：苏州工业园区

一、园区基本情况

苏州工业园区始建于 1994 年，行政区划面积为 278 平方千米（其中中新合作区的面积为 80 平方千米），是中国和新加坡两国政府间的重要合作项目，被誉为"中国改革开放的重要窗口"和"国际合作的成功范例"。经过近 30 年的发展，苏州工业园区已成为全国开放程度最高、发展质效最好、创新活力最强、营商环境最优的区域之一，在商务部国家级经开区综合评价中实现七连冠（2016—2022 年），成功跻身中华人民共和国科学技术部（以下简称科技部）建设世界一流高科技园区行列。目前，苏州工业园区已形成了包含新一代信息技术、高端装备两大主导产业，以及生物医药、纳米技术应用、人工智能和现代服务等产业的特色产业体系。2022 年，苏州工业园区实现地区生产总值 3515.6 亿元，同比增长 2.3%。在中国生物技术发展中心发布的 2022 年度中国生物医药产业园区竞争力排名中，苏州工业园区的综合竞争力在全国 211 个园区中稳居第一方阵。截至 2022 年年底，苏州工业园区已聚集各类生物医药企业 2298 家，形成了新药创制、医疗器械、生物技术等产业集群，并成为近 35 000 名高层次研发人才聚集、交流、合作的创新产业生态圈。2022 年，苏州工业园区的生物医药产业实现产值 1368 亿元。

二、典型经验做法

2005 年，苏州工业园区决定将生物医药产业、纳米产业、云计算产业列入今后的发展重点之中。随后，苏州生物医药产业园成立，专门负责园区生物医药产业 1~5 期的土地开发、产业运营、企业招商等。从园区运营模式来看，苏州工业园区采用的是典型的政府主导型的产业运营模式。

（一）成立专属国有平台公司，负责园区一体化打造工作

苏州工业园区生物产业发展有限公司成立于 2005 年，注册资本约为 28 亿元，是苏州工业园区管理委员会的直属企业，主要从事苏州生物医药产业园的开发、建设、招商、运营工作。作为推动苏州工业园区生物产业发展的核心载体，苏州生物医药产业园采取"先规划后建设、先地下后地上、先环境后开发"的国际化开发理念及政企分开的商业模式，为苏州工业园区注入持续、快速、稳定发展的动力。同时，苏州工业园区在运营策略上下足了功夫，通过参与或主办具有国际影响力的论坛和活动，不断促进与行业内其他园区的经验交流，持续提升自身的品牌知名度和行业影响力。另外，苏州工业园区还拥有国内规模最大的股权投资和创业投资母基金（国创母基金），总规模为 600 亿元。国创母基金分为 PE（Private Equity，私募股权投资）母基金和 VC 母基金两个板块。其中，VC 母基金板块为国创元禾创业投资基金，首期规模为 50 亿元，主要由苏州创新投资集团进行管理，主要投资于专注早期和成长期投资的创投基金。

（二）不断完善公共服务体系，打造产业创新服务能力

多年来，苏州工业园区不间断地从产业发展支撑、增强企业自主创新力、改善产业发展环境 3 个方面分别构建了生物医药实验平台、抗体专业技术服务平台、开放实验室等具有代表性的公共服务平台，可为企业提供 GMP（Good Manufacturing Practice，良好生产规范）验证服务、蛋白核酸表征、细胞培养与分析、原辅料检测等技术类服务，实验室安全、医疗器械审评审批、药物检验检测等政务类服务，法律法规培训、政策解读与实施专题培训、技术/质量类专题培训等培训类服务，加强企业与行业联盟、协会的联系，促进企业与本行业其他企业之间的沟通和交流。

（三）借助突出区位优势，营造亲商、爱商的优质环境

诞生于 21 世纪初期的苏州生物医药产业园与全国最早的生物医药产业园区之一——上海张江药谷之间的距离只有区区 100 多千米。在上海张江生物医药产业经过多年的发展后，土地资源已逐渐成为限制产业发展的瓶颈之一，导致当时许多在上海张江药谷的中小生物医药企业出于经营成本考虑不得不选择"溢出"上海。同时，苏州生物医药产业园抢抓上海生物医药企业外迁的契机。加之，苏州生物医药产业园之前就在上海张江的大部分优质生物医药企业身上下足了功夫，进行过大量的拜访和调研，并充分了解到这些企业自身发展过程中的"痛点"、难点、堵点，有针对性地出台相关政策，对部分选择落户苏州的企业给予一定的资金和土地扶持，为园区引入了大量的企业和人才。另外，苏州生物医药产业园始终秉承"店小二"般的服务精神，始终把做好园区内企业的服务工作摆在首要位置，使得落户园区的企业的归属感不断提升。总的来说，正是这短短的100 多千米的距离，使得苏州生物医药产业园快速发展，成为全国生物医药产业园最具发展潜力的园区之一。

三、园区龙头企业

（一）信达生物制药

信达生物制药［全称为信达生物制药（苏州）有限公司］成立于 2011 年，是一家创新制药独角兽企业，于 2018 年在香港联交所主板挂牌上市，主要开发、生产和销售用于治疗肿瘤等重大疾病的创新药物。自成立以来，信达生物制药按照国家药监局、美国 FDA 和 EMA 的 GMP 标准建成了高端生物药产业化基地，建立了一条包括 35 个新药品种的产品链，覆盖肿瘤、代谢疾病、自身免疫等多个疾病领域，其中 7 个品种入选国家"重大新药创制"科技重大专项。目前，信达生物制药有 8 款产品获得批准上市，有 3 个品种在国家药监局评审中，有 5 个新药分子进入Ⅲ期或关键性临床研究，还有 19 个新药品种已进入临床研究。2022 年，信达生物制药实现营业收入 45.564 亿元，同比增长 6.7%。

（二）基石药业

基石药业［全称为基石药业（苏州）有限公司］成立于 2015 年年底，于 2019 年在香港联交所主板挂牌上市，是一家专注于研发和商业化创新肿瘤免疫治疗及精准治疗药物的生物制药独角兽企业。自成立以来，基石药业以肿瘤免疫治疗联合疗法为核心，打造了国内领先的药物创新模式，建立了一条由 15 种肿瘤候选药物组成的丰富产品管线，有效地打破了临床开发的瓶颈。同时，基石药业建立了细胞及生化分析、癌症免疫动物模型、生物信息学、全电子化管理的生物样本库"四位一体"的苏州转化医学研究中心，推动精准医疗和生物标记物的发现及验证，提高临床试验的成功率。目前，基石药业有以普吉华®、泰吉华®、拓舒沃®为代表的 3 类精准治疗药物和以择捷美®为代表的肿瘤免疫治疗药物获批上市。其中，普吉华®是我国第一个选择性 RET（Reticulocyte，网织红细胞）抑制剂，并作为国家一类新药获批上市。2022 年，基石药业实现总营业收入 4.814 亿元，其中商业化收入为 3.941 元，同比增长 142%。

（三）康宁杰瑞

康宁杰瑞（全称为苏州康宁杰瑞生物科技有限公司）成立于 2008 年，主要从事抗体及蛋白大分子药物的研究与产业化工作，拥有完整的大分子药物研发技术平台及抗体筛选平台、早期药效评价平台、多功能抗体工程平台，建立了从大分子药物的早期筛选、细胞工程化、细胞株构建、小试研究、中试放大、质量研究、药物非临床及临床研究到申报注册的完整研发功能链。目前，康宁杰瑞共获得过 8 个一类生物制品、5 个生物类似物的临床研究批件，其中 3 个品种入选国家"重大新药创制"科技重大专项。康宁杰瑞还向众多国内的医药企业转让生物技术及产品。康宁杰瑞先后与东南大学生命科学院和中国科学院上海药物研究所达成合作。其中，康宁杰瑞与东南大学生命科学院共同搭建了免疫来源的骆驼纳米抗体噬菌体展示筛选平台，并成功上市重组人源化 PD-L1 单域抗体 KN035。

第四节　典型园区：成都高新技术产业开发区

一、园区基本情况

成都高新技术产业开发区筹建于 1988 年，1991 年获批全国首批国家级高新技术产业开发区，2006 年被科技部确定为全国创建"世界一流高科技园区"试点园区，2015 年经国务院批准成为中国西部首个国家自主创新示范区，是四川省全面创新改革试验区和中国（四川）自由贸易试验区核心区。近年来，成都高新技术产业开发区围绕电子信息、生物医药和新经济三大主导产业，建设了涵盖现代服务业及未来产业的"3+2"现代化开放型产业体系。2022 年，成都高新技术产业开发区实现地区生产总值 3015.8 亿元，迈上 3000 亿元台阶，综合实力长期位于全国高新技术产业开发区第一方阵。作为成都生物医药产业发展的主阵地，成都高新技术产业开发区正加快建设"5+N"的现代生物医药产业体系，重点围绕生物技术药、创新型化学制剂、高性能医疗器械、生物服务和大健康服务五大细分领域，以及新型疫苗、体外诊断、药物研发及生产外包等 14 个子行业，不断推动创新链、产业链、资金链、人才链融合发展，提升现代产业体系区域的带动力、发展竞争力。目前，成都高新技术产业开发区生物医药产业规模已突破 1200 亿元，聚集相关企业 3000 余家，累计上市及过会企业 10 家，初步形成现代中药、化学药、生物制剂、医疗器械等重点产业集群。

二、典型经验做法

成都天府国际生物城由成都高新技术产业开发区与双流区于 2016 年 3 月合作共建，是成都发展生物医药产业的核心聚集空间，是探索经济区和行政区适度分离、跨区合作、携手共建的实践典范。作为成都高新技术产业开发区生物医药产业发展的主阵地，成都天府国际生物城围绕"5+N"模式，重点发展生物技术药、创新型化学制剂、高性能医疗器械、生物服务和大健康服务五大细分领域，以及新型疫苗、体外诊断、药物研发及生产外包等 14 个子行业，致力于建成世界一流的生物产业园区。

（一）成立园区开发公司，负责国际生物城的打造和运营工作

成都天府国际生物城发展集团有限公司于 2016 年成立，由成都高新技术产业开发区与双流区共同出资建立，注册资本为 50 亿元。该公司按

照"1+4+N"3级架构下设4个二级子公司——成都生物城建设有限公司、成都生物城股权投资有限公司、成都生物城城市运营管理有限公司、成都国生创新科技服务有限公司，分别从事公益性项目建设、产业载体打造、股权服务、债券服务、综合金融服务、企业招商、园区管理、能源保障等社会服务，以及全生命周期金融服务等业务。自成立以来，该公司通过强龙头、补链条、聚集群，实现了与城市同成长、共进步。目前，该公司已高标准建成200万平方米的绿化景观工程、42千米的起步区市政道路工程、110万平方米的产业载体、32.5万平方米的公建配套设施和1.8万平方米的文化中心，完成固定资产投资约210亿元，全面形成成都天府国际生物城起步区9平方千米的城市框架。

（二）创新体制机制，不断集聚产业发展要素

首先，成都天府国际生物城的建立，打破了区域行政隔离，采取的是双流区出土地和交通等硬实力，高新技术产业开发区出人才与科技创新资源等软实力的模式。同时，双方在财政投资、财税收入、经济指标考核等方面都制定了清晰的分担方式，并严格按照既定比例执行。其次，成都天府国际生物城自建立之初就坚持系统思维，不断提升顶层思维设计能力，明确提出"以建城为主要任务"的系统观念和"以人为本、先人后产、以产带城、以城促产"的建设理念，所以在最开始规划的时候就走了产城融合、公园城市的道路。再次，因税收、政策、经济指标考核等原因，企业在不同行政区域间的迁移阻力非常大，成都天府国际生物城开始探索发展"飞地经济模式"，并最终形成了"创新研发在成都，转化生产在广安"相互补位的协作发展新模式。最后，成都天府国际生物城打造了总规模超100亿元的"1+2+X"产业基金生态群，通过"Bio品种贷"等9款创新金融产品，有效地解决了不同发展阶段企业融资的难题。

（三）树立服务理念，增强服务意识，营造公平营商环境

在世界百年未有之大变局加速演进、全球经济下行的背景下，企业的发展面临诸多挑战。成都天府国际生物城主动靠前服务，为企业提供融资支持、试剂耗材、设备租赁和集中采购、供应链、项目申报等全方位的服务与指导。其中，供应链服务是成都天府国际生物城独有的亮点。成都天府国际生物城通过聚集一批供应链物流优质企业（如普洛斯资本、DHL、UPS、TNT、安博等），建设蓉欧快铁+空港物流的高效口岸节点体系，建立与蓉欧快铁、双机场的无缝连接，依托双流综保区搭建医药专业保税服务平台等措施，不断完善口岸服务功能，打造出东上海、西成都、连全球的供应链物流通路。同时，成都天府国际生物城联合国药集团共同打造供应链服务中心，充分利用成都中欧班列始发站及成都双流国际机场和天府国际机场双机场的战略优势，成功推动成都成为继北京、上海、广州后全国第四个具备生物制品保税进口服务能力的口岸，解决企业跨境交易中供应链周期长等潜在"痛点"，助力成都天府国际生物城内医药企业的产品快速出海。

三、园区龙头企业

（一）迈克生物

迈克生物（全称为迈克生物股份有限公司）成立于 1994 年，于 2015 年 5 月在深圳证券交易所创业板上市，主要从事体外诊断产品的研发、生产、销售和服务业务，拥有专业的研发、生产和管理运营团队，已完成从生物原料、医学实验室产品到专业化服务的全产业链发展布局，具备研发和制造体外诊断设备、试剂、校准品与质控品的系统化专业能力，产品涵盖生化、免疫、POCT（Point-of-Care Testing，即时检验）、凝血、输血、血球、

尿液、分子诊断、病理等技术平台。经过多年的发展，迈克生物先后成为国际临床化学与检验医学联合会的会员、获得 CNAS（China National Accreditation Service for Conformity Assessment，中国合格评定国家认可委员会）医学参考实验室认可的企业、欧盟标准物质委员会合作单位并承担参考物质赋值工作，进入 JCTLM（Joint Committee on Traceability on Laboratory Medicine，检验医学溯源联合委员会）医学参考测量实验室列表行列。2022 年，迈克生物的全年营业收入为 36.08 亿元。

（二）成都先导

成都先导（全称为成都先导药物开发股份有限公司）成立于 2012 年，是一家从事新药研发工作的生物技术公司，总部位于中国成都，在英国剑桥、美国休斯敦设有子公司，并于 2020 年 4 月在上海证券交易所科创板挂牌上市。经过多年的发展，成都先导现有 500 余人的专业研发团队，拥有一整套从靶基因到新药临床试验申请阶段的研发服务，覆盖范围包括重组蛋白表达纯化、结构生物学、计算化学与药物化学、生物化学和生物物理学、细胞生物学、体内药理学、药代动力学、药学研究等。成都先导建立了自主研发新药管线，拥有大约 20 个内部新药项目，分别处于临床及临床前不同阶段，目前已有 4 个项目获得临床试验批件并进入临床试验。同时，成都先导的业务遍布北美、欧洲、亚洲、非洲及澳大利亚等，已与多家国际著名制药公司、生物技术公司、化学公司、基金会及科研机构建立了良好的合作关系。

（三）海创药业

海创药业（全称为海创药业股份有限公司）成立于 2013 年，是一家专注于肿瘤和代谢性疾病的全球化创新药物企业，并于 2022 年在科创板上市。经过多年的发展，凭借管理团队丰富的药物研究、开发经验，以及

PROTAC 靶向蛋白降解技术平台、氘代药物研发平台、靶向药物发现与验证平台、先导化合物优化筛选平台四大核心技术平台，海创药业承担了 2 个国家"重大新药创制"科技重大专项和多个省市级科研项目，目前共拥有 13 款在研产品。其中，正在全球开展Ⅲ期临床试验的 AR 拮抗剂德恩鲁胺（HC-1119）的上市申请已获受理；正在准备开展Ⅲ期临床试验的 URAT1 抑制剂 HP501 单药和对消化道肿瘤具有潜在治疗作用的 HP558 的Ⅱ期临床试验已获国家药监局批准；首款进入临床阶段的口服 AR PROTAC 在研药物正在澳大利亚开展Ⅰ期临床试验。

第五节　典型园区：武汉东湖新技术开发区

一、园区基本情况

武汉东湖新技术开发区又称中国光谷，建立于 1988 年，是中国首批国家级高新技术产业开发区、第二个国家自主创新示范区，新区规划总面积为 518 平方千米，聚集了 42 所高等院校（如武汉大学、华中科技大学等）、56 个国家及省部级科研院所、30 多万名专业技术人员和 80 多万名在校大学生，是中国三大智力密集区之一。经过 30 多年的发展，武汉东湖新技术开发区的综合实力和品牌影响力均有大幅提升，知识创造和技术创新能力居全国 169 个高新技术产业开发区之首，在全国 10 家重点建设的"世界一流高科技园区"中位列第三，仅次于中关村科技园区和上海张江高新技术产业开发区。在新时代的新征程上，武汉东湖新技术开发区将加快发展"光芯屏端网"和生命健康两大主导产业，数字经济与新消费，以及量子科技、脑科学、区块链等未来产业的"221"光谷产业体系。作为湖北和武汉生命健康产业发展的核心极与主阵地，武汉光谷生物城已初步形成覆盖科技创新、成果孵化、中试生产、检验检测、临床应用的全链条创新支撑体系，聚集了人福医药、国控湖北、远大医药、药明康德、武汉辉瑞、美纳里尼、杰特贝林等国内外知名企业，禾元生物、友芝友生物制药、中美华世通、纽福斯、滨会生物、波睿达、睿健医药、朗来科技、益承生物等一批创新医药企业。2022 年，武汉东湖新技术开发区完成地区生产总值 2643.81 亿元，同比增长 6%。

二、典型经验做法

武汉东湖新技术开发区是我国仅次于中关村科技园区的智力高度密集区。作为武汉生物医药产业的核心承载地，武汉光谷生物城采用的是典型的政府主导型产业运营模式，从激活市场主体要素、突破功能要素、优化环境要素 3 个方面不断完善园区的服务能力，提升园区生物医药产业的创新能力和转化水平，支撑生物医药产业快速发展。

（一）成立园区平台公司负责管理和运营

武汉东湖高新集团股份有限公司（以下简称东湖高新集团）成立于1993 年，1998 年作为科技部推荐企业在上海证券交易所上市，主营业务为园区运营、环保科技、工程建设。其中，园区运营板块起步于东湖高新集团诞生之初，是东湖高新集团经营最久的业务板块。历经 30 年的发展，东湖高新集团逐步形成了"以产业链为核心，向前挖掘科研链，向后延伸资本链"的运营模式。目前，东湖高新集团正在开发和运营主题型园区33 个，共服务企业 12 000 余家。武汉东湖新技术开发区的企业的年均产值超 1500 亿元，年均税收为 150 亿元。武汉东湖新技术开发区引入了专家团队 500 个，聚集了上市企业总部 60 个，吸引了世界 500 强企业中的

20 家企业。武汉东湖高新科技园发展有限公司为东湖高新集团旗下负责科技园区开发、建设和管理的全资子公司，是东湖高新集团旗下专注于服务产业园区的公司，主营业务为产业招商、产业研究、产业投资、产业服务等。

（二）依托本地人才、科研、临床等资源优势，全面助推产业高质量发展

武汉光谷生物城是武汉生物医药产业的布局核心和主要驱动核，主动谋划布局、主动发展产业、主动留住人才是其能够让武汉东湖新技术开发区在短短的几十年里成功追赶中关村科技园区和上海张江高新技术产业开发区的根本原因。武汉拥有各类高等院校 80 余所（其中部属重点高校 7 所，国家级和省部级科研院所 56 家），与生物领域相关的两院院士 14 名，全国唯一的 P4 实验室，与其他生物医药相关的国家实验室 5 个，部委开放实验室 17 个，重点工程技术中心 4 个，省级工程技术研究中心 27 个，省级重点实验室 22 个。同时，武汉拥有大量的临床资源优势，有 9 家国家 GCP（Good Clinical Practice，《药物临床试验质量管理规范》）认证的临床试验基地和以武汉同济医院、武汉协和医院、武汉大学人民医院等为代表的国内知名的三甲医院，为武汉生物医药产业的发展提供了强有力的支撑。武汉光谷生物城通过人才、科研、临床资源的汇集，不断强化科技创新支撑作用，极大地推动了大健康和生物技术产业高质量发展。

（三）进一步完善科技创新体制机制，激发科技创新活力，提升自主创新能力

武汉光谷生物城自成立以来，不断突破功能要素，探索制度、技术和管理的机制创新，充分满足企业的研发和生产需求。首先，武汉通过把省药监局、省医疗器械检测中心、省食品药品监督检验中心、国家武汉口岸药品检验所等行政机构迁到武汉光谷生物城附近,简化了企业申报行政审批流程,极大地缩短了企业办事的时间;其次,武汉光谷生物城围绕科技创新、成果孵化、中试生产、检验检测、临床应用等全链条,陆续搭建了医疗器械临床试验、生物医药中试、药物研究与评价、药物分析与代谢技术、光谷抗体发现与筛选、生物药品/制品质量检定及安全控制等 13 个公共服务平台,有效支撑武汉光谷生物城生物医药产业的创新发展;最后,在资金保障上,武汉光谷生物城计划每年投入 10 亿元财政资金,并设立 50 亿元规模的武汉光谷生命健康产业母基金,投入产业发展。目前,在武汉光谷生物城内聚集的各类投资机构已超 80 个,管理资金规模超 500 亿元。

三、园区龙头企业

(一)人福医药

人福医药(全称为人福医药集团股份公司)成立于 1993 年,于 1997 年在上海证券交易所上市,是湖北医药工业的龙头企业。人福医药的主营业务包括医药工业、医药商业及医药国际化(仿制药)三大板块,现已在神经系统用药、甾体激素类药物、维吾尔民族药等细分领域占据领导或领先地位,并逐步拓展美国仿制药业务。目前,人福医药在研项目为 350 多个,其中一类新药有 30 多种。在仿制药一致性评价方面,人福医药的 52 个品种共计 81 款品规产品通过仿制药一致性评价(含视同通过)。经过近年来的发展,人福医药逐步形成全球研发、注册、生产、销售的医药全价值链能力,呈现出"走出去、引进来"协同发展和国内国际双循环的发展格局。人福医药光谷产业园位于武汉光谷生物城,占地面积约 600 亩(1 亩 ≈

666.7 平方米），整个园区建设有药品出口生产基地、中枢神经用药生产基地、生育调节用药生产基地、健康护理生产基地、抗癌新药国际化生产基地、人福医药物流中心等，累计总投资为 50 亿元。2022 年，人福医药实现营业收入 223.38 亿元、净利润 24.84 亿元，分别同比增长 8.7%、88.6%。

（二）禾元生物

禾元生物（全称为武汉禾元生物科技股份有限公司）成立于 2006 年，是一家专业从事植物表达体系的重组蛋白医药技术研究与产品开发业务的高科技创新型企业，于 2015 年 7 月 29 日在全国中小企业股份转让系统（简称"新三板"）隆重挂牌上市。禾元生物拥有雄厚的技术力量和完备、先进的蛋白纯化工艺，建成了一个独特的植物表达体系、两个技术平台（水稻胚乳细胞蛋白质表达平台和蛋白质纯化平台），并初步建成了我国植物源生物药的完整产业化体系和质量保障体系，是国际上知名的植物体系药物研发和产品开发的生物医药研发中心。目前，禾元生物已成功地研发了以植物源重组人血白蛋白注射液为拳头产品的系列植物源医药产品，现阶段这些医药产品已经陆续进入临床试验阶段。另外，禾元生物还有 4 款药物处于临床前研发阶段。

（三）友芝友生物制药

友芝友生物制药（全称为武汉友芝友生物制药股份有限公司）成立于 2010 年 7 月，是湖北专精特新"小巨人"企业，省、市、区 3 级上市后备"金种子"企业，是一家专门从事心脑血管和肿瘤等重大疾病的个体化医学诊断产品研发、生产与销售工作的高新技术企业。友芝友生物制药拥有强大的研发技术团队，建立了 ARMS 荧光定量 PCR、多重荧光定量 PCR、核酸质谱、荧光原位杂交及循环肿瘤细胞检测等多种技术平台，自主研发

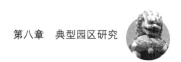

和生产了指导心脑血管疾病个体化用药的分子诊断产品、指导肿瘤诊疗的伴随诊断产品、荧光原位杂交产品、循环肿瘤细胞检测产品，为精准医疗提供临床诊断依据。自 2014 年以来，友芝友生物制药已经成功开发了160 余款基因诊断产品和多款体外诊断设备，其中心脑血管药物基因组、肿瘤伴随诊断的基因试剂盒等 14 款产品通过了欧盟认证，并获准上市。目前，友芝友生物制药拥有 10 个候选药物管线，其中 5 个在中国处于临床开发阶段，另外 5 个处于研制和临床前阶段。

企业篇

第九章

重点企业研究

第一节　大亚圣象

一、企业概况

大亚圣象（全称为大亚圣象家居股份有限公司）主要从事地板和人造板的生产销售业务，连续 7 年荣登"中国不动产供应链木地板行业竞争力十强"榜首。在地板方面，大亚圣象的主要产品有圣象强化木地板、3 层实木地板、多层实木地板、Homelegend 实木地板、SPC 地板和 WPC 地板等；在人造板方面，大亚圣象的主要产品有大亚中高密度纤维板和刨花板，主要作为地板基材、家具板、橱柜板、门板、装修板、包装板、电子线路板等。目前，大亚圣象拥有年产 8000 万平方米的地板生产能力，并拥有年产 155 万立方米的中高密度板和刨花板的生产能力。

二、发展战略

（一）大家居战略跨行业整合升级

当前，转型大家居正成为家居行业发展的主要方向，是顺应消费导向进行的跨行业整合升级。大亚圣象尝试从提供立足铺地材料的专业解决方案到提供地、门、墙一体化延伸方案，再到创造绿色人居生活空间进行升级转型。因此，大亚圣象正全方位升级产品和服务，实现地材、门墙、家居、整装、智慧家居"五位一体"，快速拓展新型地材领域市场，向大家居产业方向延伸。

（二）绿色创新战略驱动产品供给侧结构性改革

圣象地板坚持走绿色环保、对环境友好的高质量发展路线，其系列产品已陆续通过"无醛添加认证""国家孕婴网孕婴产品绿色通道推荐产品""中国环境标志产品认证"等绿色认证。大亚人造板将"健康、绿色、可持续发展"理念根植于产品的每个细节，主要包括中高密度纤维板和刨花板等，质量符合国际标准。大亚圣象成功研发出无醛空心刨花板、日本 F4 星级防水纤维板、阻燃胶合板、地热地板基材等产品。此外，大亚圣象还不断进行技术创新，提升产品质量，提高环保标准，并先后设立了博士后科研工作站、省级技术中心、工程中心，拥有行业内首家经国家认证的地板实验室。

（三）强化品牌建设及营销

大亚圣象充分发挥圣象地板和大亚人造板的品牌优势，使圣象品牌成为大亚圣象最核心、最具价值的无形资产，品牌价值超 700 亿元；大亚人造板荣获"行业影响力十大品牌""匠心板材十大品牌""十大优选家居板材品牌"等殊荣。同时，大亚圣象持续推进品牌年轻化升级，并加大数字化营销力度，通过新媒体提升传播效率，加大品牌、产品、服务的宣传力度。

三、启示与借鉴

（一）加快家居行业绿色制造升级

绿色制造是家居行业可持续发展的关键，大亚圣象的圣象地板和大亚人造板以绿色创新战略持续驱动产品供给侧结构性改革。当前，环保与否仍是家居销售时消费者咨询的主要问题之一。我国家居行业要在产品研发与设计、原料供应与加工、生产制造等方面提升绿色设计与制造水平，在家居产品生产全过程中贯彻绿色理念。

（二）持续推动满足消费者需求的营销模式创新

作为贴近生活的终端消费品，家居企业要加大零售模式创新力度及提升数字化水平，提升消费者购物体验愉悦度、便捷度、透明度，拉动消费端家居行业的市场需求。此外，家居企业还需要进一步打造品牌软实力，以适应国内外市场竞争激烈、消费者需求不断升级的新形势。

第二节　海天味业

一、企业概况

海天味业（全称为佛山市海天调味食品股份有限公司）专注于酱油、蚝油、酱、醋、鸡精、味精、料酒等调味品的生产和销售，为消费者打造高品质的产品及良好的体验。海天味业在 2022 年的中国品牌力指数榜单中斩获众多高质量荣誉，蝉联酱油（连续 12 年）、酱料（连续 3 年）、蚝油（连续 3 年）行业第一品牌。2022 年，海天味业保持住调味品行业领先地位，产量和销售量均超 400 万吨。

二、发展战略

（一）大力推进数智化产业建设

为加速在产品、营销、成本等方面的转型升级，海天味业推进数智化产业建设，提升了生产效率，降低了成本，并建成了上下游产业链柔性生产与敏捷响应体系，促进了经营的精细化、透明化、信息化。一方面，海天味业在佛山、宿迁、南宁等地加快基地建设，推进智能工厂建设，搭建 MES（Manufacturing Execution System，制造执行系统）、APS（Advanced Planning and Scheduling，高级计划和排程系统）、SRM（Supplier Relationship Management，供应商关系管理）系统、BI（Business Intelligence，商业智能）系统，并应用人工智能、大数据等新型技术控制整个生产过程。另一方面，海天味业借助数字化采购平台促进产、供、销一体化协同，提高了供应链的效率和效益。

（二）传统酿造工艺与现代化生产双向融合

海天味业坚持"技术领先、产品领先"的战略定位，生产的酱油、黄豆酱等发酵类产品坚持采用传统生产工艺及天然阳光晒制方法。同时，海天味业建成了以菌种选育技术、酿造技术、发酵技术为核心的科研体系，引入全自动超高温灭菌产线、全自动封闭式圆盘制曲产线、全自动连续压榨产线等柔性化自动生产线。例如，酱油的生产工艺流程为原料检测—原料蒸煮—制曲—天然发酵—物理压榨—灭菌澄清—成品生产—成品检验—产品包装—产品检验—包装入库。2022 年，海天味业的研发投入总额为 7.51 亿元，占全年营业收入的 2.93%。未来，海天味业将继续坚持融合战略，深化发酵核心技术及机理研究，在营养健康食品领域探索发酵技术的应用。

（三）坚持品质强化战略，引领企业高品质发展

海天味业坚持品质强化战略，引领企业高品质发展，以健康、美味、安全的产品保持其在调味品市场的领先优势。一方面，海天味业持续强化"全面、全程、全员"的质量保障体系建设，积极参与行业标准的修订工作。另一方面，海天味业利用技术创新进一步提高品质的源头技术，加速外联合作及先进外部成果的引入，进一步保障产品品质的快速提升。

三、启示与借鉴

（一）数字化、智能化建设是企业转型升级的重要着力点

海天味业推进数智化产业建设，以加速在产品、营销、成本等方面的转型升级。未来，借助数字化、智能化生产的形式，降低生产成本及提升生产效率，是食品工业的核心竞争力之一。同时，海天味业依靠数字化产、供、销平台及网络电商等畅通供应链和拓展用户市场。

（二）直面多维挑战，强化创新赋能

2022 年，由于多重复杂的内外部因素的影响，海天味业归属于股东的净利润出现了自海天味业上市以来的首次下降。在此背景下，海天味业给出的应对之策之一就是强化创新赋能，实现高质量发展，并在产业数字化、智能化及发酵技术专业化等领域持续发力。展望全局，食品工业作为传统民生产业，也是国民经济的支柱产业之一。科技进步与创新是实现食品工业高质量发展的决定性因素，企业应从加大食品工业产品研发投入力度、提升产业链质量、提升食品质量水平、推进食品工业的绿色智能制造等方面加强食品工业的科技创新。

第三节 药明康德

一、企业概况

药明康德（全称为无锡药明康德新药开发股份有限公司）成立于 2000 年，历经 20 余年的发展，已成长为一家全球性企业，员工人数超过 43000 人，并在全球设有 32 个研发和生产基地。药明康德为全球制药、生物科技和医疗器械企业提供新药研发及生产服务，主营业务包括化学业务、测试业务、生物学业务、细胞及基因疗法 CTDMO（合同测试、研发与生产）业务、国内新药研发服务业务五大板块。

二、发展战略

药明康德独特的 CRDMO（合同研究、开发与生产）和 CTDMO 业务模式持续驱动企业高速发展。药明康德还加大研发人才汇聚力度，并发展出"一体化、端到端"的新药研发服务平台，可为客户提供一站式的新药研发与生产服务。

（一）"一体化、端到端"的新药研发服务平台

药明康德聚焦服务于新药研发全产业链，搭建了全球领先的"一体化、端到端"的新药研发服务平台。该平台能够顺应药物研发价值链，从早期研究阶段就介入并为客户提供服务，还能在项目推进过程中跟随药物分子的研发进程，不断扩大服务覆盖范围。如此，不论是在技术开发深度还是在服务覆盖广度上，该平台都能满足客户的多元化要求，进而收获全行业快速发展联动效益。

（二）CRDMO 和 CTDMO 业务模式

药明康德整合合全药业、化学服务部、药物研发国际服务部和核心分析部等与化学业务相关的资源及能力，为客户提供新药研究、开发与生产服务。此外，药明康德还利用中国、美国、英国的资源和能力，为客户提供细胞及基因治疗产品工艺开发、生产和测试一体化服务。借助 CRDMO 和 CTDMO 业务模式，药明康德助力客户提升研发效率，为患者带来更多突破性的治疗方案。得益于自身独特的 CRDMO 和 CTDMO 业务模式，以及全球"长尾客户"战略，2022 年，药明康德的客户渗透率继续提高，来自全球前 20 大医药企业的收入为 184.21 亿元，同比增长 174%；来自全球其他客户的收入为 209.34 亿元，同比增长 30%。

（三）研发人才汇聚及技术创新战略

现代医药科技企业的竞争实质上是人才的竞争和创新能力的竞争。药明康德通过招聘、培训、晋升、激励等方式留住优秀的人才，维持其高水准的服务、行业领先的专业地位，持续满足客户的需求。截至 2022 年年底，药明康德共拥有员工 44 361 人，其中 13 281 人获得硕士及以上学位，1407 人获得博士或同等学位。从整个职能划分来看，研发人员为 36 678 人，占员工的比例达 82.6%，呈现出研发人才高度汇聚的形态。未来，药明康德将依靠各类专业人才，提升在寡核苷酸药、多肽药、偶联药物、细胞和基因治疗等方面的服务能力。

三、启示与借鉴

（一）依靠专业人才等搭建一体化研发平台

药明康德注重搭建"一体化、端到端"的新药研发服务平台。这类一体化研发平台具有相当大的优势，能极大地加大技术供给深度和提升市场需求满足能力。基于现实情况，我国相关企业可适当加大自己的技术供给服务深度、扩大自己的技术供给服务广度。同时，一体化研发平台有赖于研发人才和资金仪器的汇聚，人力资本也是驱动我国医药行业发展的关键要素，因此企业应更为注重人才的引进、培养，助力高端产品开发。

（二）强化业务模式开发

医药研发服务行业可为客户赋能，助力客户更快、更好地进行新药研发，而业务模式是其中的关键之一。医药外包服务行业是依附于药物研发与生产的外包产业链，现已形成了合同研究服务、合同生产服务、合同定制生产服务、合同销售服务等多个细分子行业，其中合同研究服务企业和合同定制生产服务/合同生产服务企业分别在研发条线、生产条线上贯穿药品生命周期。药明康德的 CRDMO 和 CTDMO 业务模式进一步整合了研究、测试、开发与生产，极大地丰富了业务内容。

第四节　宁德时代

一、企业概况

2011 年，由于新能源客车市场规模已经初现端倪，曾毓群与黄世霖等决定将动力电池团队从宁德新能源科技有限公司完全独立出去，成立一家新的企业——宁德时代（全称为宁德时代新能源科技股份有限公司）。宁德时代是全球领先的新能源创新科技企业，致力于为全球新能源应用提供一流的解决方案和服务。宁德时代建成了四大创新体系，涉及材料及材料体系、极限制造、系统结构和商业模式 4 个方面。

二、发展战略

宁德时代的三大发展战略：一是以可再生能源发电和储能为核心实现固定式化石能源替代；二是以动力电池为核心实现移动式化石能源替代；三是以电动化+智能化为核心实现市场应用的集成创新。

（一）以可再生能源发电和储能为核心实现固定式化石能源替代

2022 年，宁德时代全球储能锂电池的出货量的市场占有率超过 40%，连续两年排名全球第一。据其官网介绍，宁德时代开发的储能解决方案具有全周期高效收益、全方位安全保障、全流程解决方案三大优势。例如，在安全方面，从高安全性材料、系统安全与全生命周期安全出发，全方面提升储能系统的安全性。就应用场景而言，主要包括发电侧储能、电网侧储能和用电侧储能。晋江 100MWh 级储能电站是宁德时代电网侧储能的典型项目。该项目由宁德时代负责整个储能系统的系统集成，电池单体循环寿命可达 12 000 次。

（二）以动力电池为核心实现移动式化石能源替代

2022 年，宁德时代推出基于第三代 CTP（电芯到电池包）技术的麒麟电池，其系统的质量、能量密度及体积能量密度都是行业最高水平，NCM（镍钴锰三元锂电池）系统≥250Wh/kg，LFP（磷酸铁锂电池）系统≥160Wh/kg（方型）。近来，宁德时代推出凝聚态电池，借助高动力仿生凝聚态电解质的使用，构建微米级别自适应网状结构，调节链间的相互作用力，增强了微观结构的稳定性并提升了锂离子的运输效率。同时，凝聚态电池搭配了超高比能正极、新型负极和隔离膜等材料体系。最终，该电池体系在一定程度上解决了电池高比能和高安全性的矛盾，单体能量密度高达 500Wh/kg，有望被用于民用电动载人飞机等对比能和安全性要求高的应用领域。据 SNE Research 统计和分析，2022 年，全球动力电池总装车量(纯电动汽车、插电式混合动力汽车、混合动力汽车)为 517.9GWh，同比增长 71.8%，而宁德时代以 191GWh、37%的市场占有率霸榜。

(三) 以电动化+智能化为核心实现市场应用的集成创新

动力电池在船舶、矿山、工程机械、城市配送、机场园区等领域具有重要的应用需求。2022 年，我国新能源重卡累计销售 25 152 辆，同比增长 141%，但新能源重卡的渗透率仍大幅低于新能源乘用车。为了降低消费者的成本焦虑、充电焦虑和残值焦虑，满足包括电动重卡在内的多场景应用需求，宁德时代推出了组合换电整体解决方案。此外，在电动船舶领域，宁德时代还致力于船用动力电池系统的相关技术、产品研发及应用推广，推动船舶的绿色零碳转型。

三、启示与借鉴

(一) 依托科技创新推动电池储能产业的发展

技术领先是企业做大做强的核心动力。宁德时代专注于电池产品的创新发展，具有很强的技术创新实力和意愿。通过其技术布局可以看出整个行业的发展趋势：从锂电池的中期发展来看，主要通过现有磷酸铁锂和三元材料体系的迭代升级及结构革新推动能量密度提升，实现降本增效；从锂电池的长期发展来看，不断降低电解液含量，向固态电池发展是行业内较明确的趋势，但全固态电池仍面临科学层面的原理质疑和相对大的技术挑战；从锂电池的远期发展将受锂资源短缺制约来看，钠离子电池已成为重要的备选方案，预计未来率先在储能、低速车等场景实现规模化商业应用。

（二）围绕市场长期需求制订科学的战略发展规划

在"双碳"背景下，能源、交通、工业、生活等领域对电池储能的需求更加迫切。从技术供给来看，锂离子电池以其独特优势相继在消费类电子市场、交通领域占据主流，并在当前成为电化学储能的主要技术。宁德时代专注于锂电池产品的开发及销售，这是其取得成功的时代背景。展望未来，随着可再生能源发电规模、新能源汽车渗透率、全行业电能替代比例的进一步提升，"能源消费电力化、电力生产低碳化、生产消费信息化"趋势越发明显。如何结合未来市场的长期需求和现阶段企业产品供给能力的现况，制订科学的战略发展规划是企业行稳致远的关键。企业要根据自身的优势和劣势，强化优势科技创新影响因素的作用，制定企业的经营发展、人才引进和培养等策略，选择适合企业发展的战略路径，实现企业的科技创新驱动发展。

政策篇

2022—2023 中国消费品工业重点政策解析

第一节 《"十四五"医药工业发展规划》

一、政策的内容

2021 年 12 月，工业和信息化部联合中华人民共和国国家发展和改革委员会（以下简称国家发展改革委）、科技部、商务部、中华人民共和国国家卫生健康委员会、中华人民共和国应急管理部、国家医疗保障局、国家药监局、国家中医药管理局共同发布《"十四五"医药工业发展规划》（以下简称《规划》）。《规划》坚持以习近平新时代中国特色社会主义思想为指导，深入贯彻党的十九大和十九届历次全会精神，立足新发展阶段，完整、准确、贯彻新发展理念，构建新发展格局，落实制造强国战略，全面推进健康中国建设，以推动高质量发展为主题，以深化供给侧结构性改革为主线，统筹发展和安全，全面提高医药产业链现代化水平，实现供应链稳定可控，加快创新驱动发展转型，培育新发展新动能，推动产业高端化、智能化和绿色化，构筑国际竞争新优势，健全医药供应保障体系，更好满足人民群众多元化、多层次的健康需求。

《规划》坚持生命至上、创新引领、系统推进、开放合作的基本原则，提出了未来 5 年的发展目标和 15 年远景目标。到 2025 年，主要经济指标实现中高速增长，前沿领域创新成果突出，创新驱动力增强，产业链现代化水平明显提高，药械供应保障体系进一步健全，国际化全面向高端迈进。展望 2035 年，我国医药工业实力将实现整体跃升；创新驱动发展格局全面形成，原创新药和"领跑"产品增多，成为世界医药创新重要源头；产业竞争优势突出，产业结构升级，在全球医药产业链中占据重要地位；产品种类更多、质量更优，实现更高水平满足人民群众健康需求，为全面建成健康中国提供坚实保障。

《规划》围绕发展目标，提出了"十四五"期间要落实的加快产品创新和产业化技术突破、提升产业链稳定性和竞争力、增强供应保障能力、推动医药制造能力系统升级和创造国际竞争新优势 5 项重点任务，并结合技术发展趋势，以专栏形式提出了医药创新产品产业化工程、医药产业化技术攻关工程、疫苗和短缺药品供应保障工程、产品质量升级工程、医药工业绿色低碳工程五大工程。

为强化贯彻实施，《规划》提出了加强政策协同和规划实施、提升财政金融支持水平、规范市场竞争秩序、加强人才队伍建设 4 项保障措施。

二、政策的影响

"十四五"时期，医药工业发展的内外部环境面临复杂而深刻的变化。《规划》的出台将全面推进健康中国建设，推动医药行业形成以国内大循环为主体、国内国际双循环相互促进的新发展格局，推动我国医药工业向创新驱动转型，促进国内医药市场进入高质量发展阶段。

一是促进整体发展水平跨上新台阶。《规划》的行业规模目标为营业收入、利润总额年均增速保持在 8%以上，增加值占全部工业的比重提高到 5%左右；行业龙头企业集中度进一步提高。这将促进行业整体跨上新台阶。

二是促进创新驱动行业发展。《规划》进一步强调坚持创新引领的基本原则。这将促使我国医药工业坚持创新引领，把创新作为推动医药工业高质量发展的核心任务，加快实施创新驱动发展战略，构建开放创新生态，提高创新质量和效率，加快创新成果产业化。

三是促使供应保障能力持续增强。《规划》强调坚持生命至上的基本原则。目前，我国应对重大公共卫生事件的能力需增强，企业开发罕见病药、儿童药积极性低，小品种药仍存在供应风险。"十四五"将保障人民群众健康作为根本目标，优化供给结构，提高供给质量，完善供应保障体系，提升药品可及性，可促使行业发展成果更好地服务健康中国建设、更多地惠及全体人民群众。

四是促使国际化发展全面提速。《规划》强调坚持开放合作的基本原则。这将促使行业立足国内市场规模优势，充分吸引全球资源要素集聚，大力开拓全球市场，以更高的水平参与国际产业分工协作，实现高质量引进来和高水平走出去。

第二节 《数字化助力消费品工业"三品"行动方案（2022—2025 年）》

一、政策的内容

2022 年 6 月，工业和信息化部、商务部、市场监管总局、国家药监局、国家知识产权局联合印发《数字化助力消费品工业"三品"行动方案（2022—2025 年）》（以下简称《行动方案》）。《行动方案》确立的主要目标是到 2025 年，消费品工业领域数字技术融合应用能力明显增强，培育形成一批新品、名品、精品，品种引领力、品质竞争力和品牌影响力不断提升。《行动方案》提出数字化助力"增品种"、数字化助力"提品质"、数字化助力"创品牌" 3 个方面的 10 项任务，并以专栏的形式设置创新能力提升工程、数字化设计能力提升工程、数字化绿色化协同能力提升工程、质量管控能力提升工程、智慧供应链管理能力提升工程、品牌培育能力提升工程六大工程。《行动方案》从加强组织实施、强化政策支持、推动标准引领、加快人才培养和加大宣传力度 5 个方面提出了保障措施。

二、政策的影响

消费品工业是我国重要民生产业和传统优势产业，是保障和满足人民群众日益多元化消费需求的重要支撑，在吸纳就业、出口创汇、促进经济发展等方面发挥着重要作用。自《国务院办公厅关于开展消费品工业"三品"专项行动营造良好市场环境的若干意见》（国办发〔2016〕40 号）印发以来，"增品种、提品质、创品牌"的"三品"专项行动深入实施，消费品工业核心竞争力和创新能力持续提升，产品供给能力和对需求适配性稳步提升，社会各界共同推进"三品"工作的良好氛围初步形成。《中华人民共和国国民经济和社会发展第十四个五年规划和 2035 年远景目标纲要》明确提出要"深入实施质量提升活动，推动制造业产品'增品种、提品质、创品牌'"。消费品工业"三品"战略已成为引领消费品工业高质量发展的重要抓手。当前，随着新一代数字技术蓬勃发展，数字经济新动能持续增强，实体经济发展模式、生产方式深刻变革，数字化发展已成为必然趋势。在这种历史背景下，《行动方案》的出台将会从改善供给、提高创新、建立链路和形成合力等方面发挥重要作用。

一是有助于消费品工业借力数字技术改善供给水平。数字化技术会给新品种、新品质带来更多的可能性。国内企业可以借助数字技术实现"弯道超车"，瞄准国际高标准进行产品开拓，延伸产业链和价值链，提升附加值，以此在全球市场打造"中国品牌"。

二是有助于提升消费品工业的数字化研发水平和企业的核心竞争力。数字化技术采用大数据等，带来研发生产效率的大幅提升。在当前国内用工紧张及高端人才不足的情况下，数字化技术会带来全消费品工业研发能力的提升，从而创造企业核心竞争力。

三是有助于建立生产端和消费端数据链路，实现供需平衡。需求和供给的不平衡会带来价格的波动、产品的短缺或过剩，给生产企业和消费者带来诸多不便。数字化会打通生产端和消费端的数据链路，促进供给升级和需求升级协调共进，实现供需更高水平的动态平衡。

四是有助于各地完善政策，形成工作合力。当前，各地关于消费品领域数字化"三品"建设的政策比较分散，《行动方案》出台后，将会为各地制定消费品数字化"三品"建设方案提供权威的依据，从而立足当地，出台适合当地发展特点的政策，形成工作合力，进一步营造良好的市场环境和消费环境。

第三节 《中医药振兴发展重大工程实施方案》

一、政策的内容

2023 年 2 月，国务院办公厅印发《中医药振兴发展重大工程实施方案》（以下简称《实施方案》）。《实施方案》提出到 2025 年，优质高效中医药服务体系加快建设，中医药防病治病水平明显提升，中西医结合服务能力显著增强，中医药科技创新能力显著提高，高素质中医药人才队伍逐步壮大，中药质量不断提升，中医药文化大力弘扬，中医药国际影响力进一步提升，符合中医药特点的体制机制和政策体系不断完善，中医药振兴发展取得明显进展，中医药成为全面推进健康中国建设的重要支撑。

为加大"十四五"期间对中医药发展的支持和促进力度，着力推动中医药振兴发展，《实施方案》明确提出了中医药健康服务高质量发展工程、中西医协同推进工程、中医药传承创新和现代化工程、中医药特色人才培养工程（岐黄工程）、中药质量提升及产业促进工程、中医药文化弘扬工程、中医药开放发展工程、国家中医药综合改革试点工程 8 项重点工程，并提出了具体的建设目标、建设任务、配套措施、部门分工。

为确保《实施方案》成功、有效地落地推进实施，《实施方案》从强化项目实施、做好资金保障、加强监测评估、注重宣传解读 4 个方面提出了更具针对性的保障措施。

二、政策的影响

从中医药创新发展来看，近年来，国家高度重视中医药传承创新发展，先后印发了《中共中央 国务院关于促进中医药传承创新发展的意见》《"健康中国 2030"规划纲要》《"十四五"中医药发展规划》，我国中医药传承创新发展取得了极大的进步，但在人才队伍和服务体系建设、中西医药协同发展、模式创新等方面仍有不足。此次《实施方案》的出台对于积极推动我国建设完善的中医药创新体系、有效提高中西医结合临床水平、提升产业创新能力等具有重大意义。

从产业发展前景来看，中医药作为中国独特的健康资源和巨大的经济资源，在健康中国的背景下具有显著的文化和环境优势。近年来，大数据、云计算、人工智能、物联网、区块链等数字技术迅速发展，为中医药数字化提供了技术支持。但在优质中药材种子和种苗培育、中药溯源体系建设、中药饮片及中成药质量标准、中药关键技术装备和药物安全性评价等方面仍然面临巨大的挑战。此次《实施方案》的出台为数字化中医药在前期的中药种植及标准化体系建设、中期的加工制造与核心装备研发、后期的药物安全性评价方面指明了发展方向，对于着力推动我国中医药振兴，加快推进产业高质量发展具有多方面的重要意义。

第四节 《关于进一步完善医疗卫生服务体系的意见》

一、政策的内容

2023 年 3 月，中共中央办公厅、国务院办公厅印发了《关于进一步完善医疗卫生服务体系的意见》（以下简称《意见》）。《意见》提出到2025 年，医疗卫生服务体系进一步健全，资源配置和服务均衡性逐步提高，重大疾病防控、救治和应急处置能力明显增强，中西医发展更加协调，有序就医和诊疗体系建设取得积极成效。到 2035 年，形成与基本实现社会主义现代化相适应，体系完整、分工明确、功能互补、连续协同、运行高效、富有韧性的整合型医疗卫生服务体系，医疗卫生服务公平性、可及性和优质服务供给能力明显增强，促进人民群众健康水平显著提升。

为进一步完善我国医疗卫生服务体系，更好地满足人民群众健康需要，针对存在的问题，《意见》从优化资源配置，加强人才队伍建设，推进能力现代化；加强分工合作，促进分级诊疗，推进体系整合化；提高服务质量，改善服务体验，推进服务优质化；加强科学管理，压实责任，推进管理精细化；深化体制机制改革，提升动力，推进治理科学化 5 个方面部署了 26 项重点任务。

为确保我国医疗卫生服务体系建设更加完善，《意见》提出了加强组织领导、细化配套措施、加强宣传引导 3 项组织实施工作。

二、政策的影响

自党的十八大以来，党中央和国务院始终把保障人民健康放在优先发展的战略位置，高度重视医疗卫生服务体系的改革和发展，强化城乡 3 级医疗卫生服务网络建设。近年来，我国医疗卫生资源总量不断提高，医疗技术能力和卫生医疗体系水平居世界前列。在新发展格局下，我国医疗卫生服务发展不平衡不充分问题仍然比较明显，满足人民对美好生活的向往和卫生健康产业高质量发展之间存在一定的差距。《意见》提出了进一步完善医疗卫生服务体系的若干要求和措施，对于加快建设具有中国特色的医疗卫生服务体系、深入实施健康中国战略具有重要意义。

展望篇

第十一章

主要研究机构的预测性观点综述

第一节　消费品

2022 年消费品市场分析及 2023 年展望

2022 年全年，我国消费品市场都笼罩在新冠疫情的阴影之下，从年初的各地封控到年末的大范围疫情冲击，无一不在考验着中国消费品市场的韧性。2022 年消费品市场呈现以下六大特点。

一是消费品市场销售规模基本稳定。2022 年，尽管新冠疫情对消费品市场造成较大冲击，但随着消费政策显效发力、疫情防控优化调整，我国消费品市场整体规模保持稳定，市场规模优势依然明显。2022 年，我国社会消费品零售总额为 44 万亿元，同比下降 0.2%，增速较前两年的平均增速放缓 4.1 个百分点。

二是实物产品线上零售额占比稳步提升。在无接触服务等消费模式的推动下，线上消费较快增长。2022 年，实物产品线上零售额同比增长 6.2%，其中吃、穿、用类产品线上零售额分别同比增长 16.1%、3.5%、5.7%。实物产品线上零售额占社会消费品零售总额的比例达到 27.2%，比 2021 年提高 2.7 个百分点。

三是产品零售保持正增长。基本生活类产品的零售额平稳增长，2022 年产品的零售额同比增长 0.5%，增速快于社会消费品零售总额 0.7 个百分点。餐饮收入在居民居家、社交活动减少的影响下，同比下降 6.3%。

四是乡村市场的运行情况好于城镇。2022 年，乡村消费品零售额与 2021 年基本持平，城镇消费品零售额同比下降 0.3 个百分点。2022 年 1—5 月、10—12 月，乡村消费品市场的增速均快于城镇 1 个百分点左右，6—9 月因受新冠疫情的影响较小，城镇消费品市场的增速快于乡村。

五是限额以上单位中 6 类产品的零售额实现正增长。在限额以上单位产品类值中，与新冠疫情相关的中西药类产品的零售额同比增长 12.4%；油价上涨推动石油及制品类产品的零售额同比增长 9.7%；粮油、食品、饮料、烟酒类产品的零售额同比增长 7%；书报杂志和文化办公用品类产品的零售额分别增长 6.4% 和 4.4%；新能源汽车快速普及，推动汽车类产品的零售额保持正增长。

六是全国重点大型零售企业的零售额下降。2022 年，全国重点大型零售企业的零售额同比下降 12.8%。其中，粮油、食品类和金银珠宝类产品的零售额分别同比下降 3.7% 和 4.5%；服装类、化妆品类、日用品类产品的零售额均出现两位数的降幅。

2022 年，消费品工业引领了行业的新发展。展望 2023 年，中国消费品工业将在需求波动、供给冲击、外部环境异常复杂的情况下逐步回升，具有以下五大特点。

一是扩大内需战略的实施将有力提振市场发展信心。《2023 年政府工作报告》中指出："着力扩大国内需求。把恢复和扩大消费摆在优先位置。"因此，实施扩大内需战略，着重恢复和扩大消费将是 2023 年的经济工作重点，这将鼓舞消费品市场加快恢复增长、实现高质量发展的信心。

二是经济预期改善将有利于居民消费水平进一步提升。《2023 年政府工作报告》指出的 2023 年发展主要预期目标包括国内生产总值增长 5% 左右；城镇新增就业 1200 万人左右，城镇调查失业率 5.5%左右；居民消费价格涨幅 3%左右等。在居民收入、就业民生均得到有力保障的基础上，居民消费能力将持续提升，居民消费水平将进一步提升。

三是科学防疫措施持续优化将促使消费市场加快恢复。随着科学防疫措施的不断优化和深入落实，新冠疫情对消费场景的损害将得到快速修复，实体消费场所的客流量持续增多，将有利于线下产品零售逐步恢复。

四是物价温和上涨将为消费稳定增长创造良好的环境。政府将加大力度确保粮食、能源等大宗产品的生产、储备、供给安全，进一步强化重要民生产品的保供稳价，使我国物价涨幅实现总体可控，进而创造良好稳定的物价环境。

五是预计社会消费品零售总额增长 6%左右。2023 年，我国消费发展长期向好的基本面没有改变，在国家促进消费的一揽子政策推动下，我国消费品市场有望加快恢复速度，社会消费品零售总额将实现 6%左右的增长。

资料来源：中华全国商业信息中心。

第二节　医药

2022 年我国医药产业回顾和 2023 年前瞻

基于疫情防控新常态，我国医药健康产业整体呈现市场推广产品创新、估值切换、投融资行为升温等迹象，2023 年将是我国市场向后疫情时代转变的关键一年，也是医药健康产业重塑、企业转型升级的重要时期。

一是人口老龄化与健康管理意识增强，推动医疗需求提升，医疗服务场景更趋多元。《国家人口发展规划（2016—2030 年）》显示："'十三五'时期，60 岁及以上老年人口数量平稳增长，2021—2030 年增速将明显加快，到 2030 年占比将达到 25%左右，其中 80 岁及以上高龄老年人口数量不断增加。"中老年人是疾病高发群体，与心脑血管、自身免疫相关疾病的患病率较高，带来了巨大的医疗需求。世界银行的数据显示，2020 年我国人均预期寿命约为 77.1 岁，并呈现不断攀升的趋势。

二是带量采购政策趋于稳定，领先企业从产品创新和渠道拓展等维度寻求破局。2022 年，政府支付方通过招标规则合理控制降价幅度，在避免出现价格战的同时降低淘汰率。这不仅有效地维持了供应商的稳定性，还更多地认可不同厂商在产品与服务上的相对差异性。在市场格局逐步稳定的背景下，领先企业正逐步尝试从产品创新、运营效率提升和渠道拓展等维度进行破局。

三是数字化医疗服务向疾病预防和健康管理拓展，"未来医疗"初具规模。近年来，我国消费者与病患的健保消费旅程已逐渐从线下转移至线上，各环节的数字触点全面打开。《未来医疗 4：未来的医疗患者》指出，超过 70%的我国患者对科技巨头企业提出的数字化医药健康服务持接受态度。未来数字化医疗服务将涌现出更多的创新商业模式，为消费者带来普惠、精准及全周期的医疗数字化旅程体验。

四是医疗新基建与贴息贷款政策持续加码，推动医疗设备市场需求持续高企。我国医疗新基建进入快速发展阶段，有望解决医疗资源供给侧的结构性短板问题。2022 年，《国家卫健委开展财政贴息贷款更新改造医疗设备的通知》正式出台，有效地缓解了各级政府的财政压力与医疗机构的资金压力，并进一步加速推动了医疗新基建的发展。预计随着鼓励政策与贴息贷款的实施落地，医疗设备采购订单将会逐步放量，带动医疗器械市场的规模与增速进一步攀升。

五是医疗支付仍旧面临压力，在腾笼换鸟之际，支付端结构性优化势在必行。国家医疗保障局印发《DRG/DIP 支付方式改革三年行动计划》，提出到 2024 年年底，全国所有统筹地区全部开展 DRG/DIP 付费方式改革工作，先期启动试点地区不断巩固改革成果；到 2025 年年底，DRG/DIP 支付方式覆盖所有符合条件的开展住院服务的医疗机构，基本实现病种、医保基金全覆盖。自 DRG/DIP 支付方式在试点城市模拟运行起，我国医保基金压力就得到有效缓解，医保基金结余从 2021 年起实现持续增长。

六是依托政策支持、技术突破与供应链重塑，国产替代将向生物医药产业链上下游不断延伸。面对新冠疫情及地缘政治对全球供应链的冲击，医疗科技行业突破技术封锁、加速推进国产替代势在必行。在未来进一步叠加强化内循环和"强链补链"的政策支持后，国产厂商将在生物医药上游供应链领域维持高质量发展。

七是在创新升级、协同补强主旋律下，投融资持续升温，重点细分赛道估值修复。在新冠疫情背景下，消费者的保健意识增强，进一步驱动市场放量。在相对较低的集采风险与龙头企业的拉动之下，中医药产业将呈现持续的快速增长趋势。

八是跨境交易合作将趋于频繁，优质标的识别、海外市场准入与产业链布局成为核心能力。由于新冠疫情的影响，2022 年上半年的投融资额出现一定程度的下降。国产医药企业加速布局海外市场，而海外资本与产业也积极寻求进入中国市场的战略机会。国产医药企业纷纷走出国门迈向全球化，以寻找发展的沃土。我们有理由相信，2023 年以后，跨国交易服务需求将更密集、更多元，推动产业链进一步优化资源配置。

资料来源：罗兰·贝格咨询。

第三节　食品

2022 年食品市场分析及 2023 年展望

食品行业是与百姓生活息息相关的行业，我国食品行业主要包括农副食品加工业、食品制造业、发酵制造业等，其中农副食品加工业是我国最早开展的行业之一。2022 年，食品市场存在以下八大特点。

一是多重因素叠加导致粮食价格飙升，多国央行加快紧缩步伐。俄乌冲突进一步推升全球通胀风险，小麦、玉米等谷物价格的累计涨幅超过30%。为应对高企不下的通胀水平和持续攀升的通胀预期，包括美国、英国、加拿大、澳大利亚、日本在内的全球多个经济体的央行已累计加息近300 次，使 2022 年成为近 40 年来加息力度最大的一年。

二是疫情防控政策转向，食品消费在承压中止跌蓄势。国内疫情多地频发，冲击消费信心，但随着年末国务院优化疫情防控措施，疫情防控进入全新阶段，消费止跌，蓄势回温。

三是消费品行业步入存量竞争时代,消费分化与竞争分化推动行业升级整合。在存量竞争时代,华莱士、瑞幸等领军企业快速抢占市场份额,发挥定价权优势,玛氏、伊利等行业巨头则通过并购扩张经营区域和品类,头部企业纷纷通过加速并购步伐来开启新增长曲线。

四是食品饮料企业 IPO 放缓、估值波动回落,年底初现反弹。2022 年,食品饮料企业上市发行数量与募集资金同比下降。疫情冲击、成本压力、资金扰动叠加作用,导致食品饮料板块的估值全年震荡下跌,其中乳品、保健食品、调味品的跌幅靠前,啤酒、预制菜、休闲零食等的表现相对稳健。伴随疫情防控政策转向,食品饮料业复苏预期明显。

五是在新冠疫情"大考"之下,食品消费在众多消费品类中韧性凸显。2022 年,社会消费品零售总额同比较大幅度下降,最高跌幅超过 10%,多数消费品行业承受消费品零售总额下降的压力,但食品消费的基础米面粮油、快消品类的食品饮料及健康食品的产品零售额均保持约 10%的同比增长,凸显食品消费韧性。

六是流量逻辑失效,供应链与产品力成为新消费制胜的关键。随着消费市场逐步回归理性,2022 年新消费赛道的融资热度锐减,愈演愈烈的生鲜电商破产可见一斑。依赖流量红利超速成长的新消费企业缺少自我"造血"能力,供应链与产品力严重不足,短板显露,而传统企业加速数字化转型,全面展开竞争,大部分新消费企业面临巨大的发展压力。

七是生物科技加速整合,引领食品健康领域创新与可持续发展。继 2019 年全球香精香料巨头 IFF 和杜邦的营养与生物科技业务合并之后,2022 年生物技术巨头合纵连横延续。帝斯曼和芬美意、诺维信和科汉森纷纷宣布达成合并协议,共建优势互补生物技术巨头,加速新兴生物技术的研发和产业化,引领食品行业加速迈向天然、健康、环保且大规模可持续发展的未来。

八是预制菜在争议中成长，主流食品的工业化和便利化趋势加速。2022 年，与预制菜相关的新增注册企业数量激增，产品标准相继出台，行业热度持续走高。然而，风口之下争议不断，预制菜概念泛泛、食品安全风险、口味一般等问题亦备受关注。作为食品工业化趋势下的新饮食方式，预制菜虽争议不断但热度不减，有力地印证了食品工业化和便利化加速的必然趋势。

展望 2023 年，我国食品行业存在以下五大趋势。

一是告别长期宽松的低成本流动性，各类资产估值将回归理性基本面。从国际上看，日元退出长达 10 年的低成本货币政策，锁定了欧美加息全球资金成本跳升的新格局。全球市场或将迎来重要转折，长期货币宽松政策行至终途。这一底层变化将冲击几乎所有种类资产的估值，PE 等另类投资也不例外，现金流为王、注重底层资产质量将成为估值体系回归理性的主旋律。

二是我国步入人口负增长时代，新产业机遇应运而生。2021 年，我国 13 个省份的人口自然增长率为负，2022 年官方首次指明"十四五"期间我国总人口将进入负增长阶段。我国人口发展迎来重要转折，这带来了经济发展挑战，衍生出包括银发经济等在内的新的发展机遇。

三是大消费增量红利见顶，推动行业竞争分化、整合加剧。乳品、方便食品等大众消费品品类近年来相继进入存量博弈时代，"内卷"推动竞争分化，过去 3 年头部企业集中度提升接近 3%；增量红利见顶，简单增长面临瓶颈，行业龙头积极进行行业存量整合。

四是节粮减损成为保障粮食安全的重要抓手。粮食安全的主要解题方式从增产增收的"加法"转向节粮减损的"减法"，节粮减损成为保障粮食安全的新趋势。强化现代农业节粮技术硬支撑，延伸加工产业链条与提高粮食供应链效率成为保障粮食安全更重要和更有效的措施。

五是产品为王、功能至上，后疫情时代理性消费新趋势涌现。新冠疫情使消费者的行为发生变化，使消费者的消费观念逐渐走向理性实用主义，流行度与明星效应等逐渐失效，产品回归使用价值，功能与性价比成为影响消费决策最重要的因素，如符合理性消费观念的蜜雪冰城、瑞幸等薄利多销的企业快速发展。

资料来源：厚生投资管理咨询。

第四节　纺织

2022 年纺织行业回顾和 2023 年展望

2022 年，世界经济增速明显下降，国内经济受到多重超预期因素的叠加影响，需求收缩、供给冲击、预期转弱三重压力持续加大，发展环境的不确定性增大。我国纺织行业仍处于 2020 年超常规增长后的恢复期，行业努力克服内外部不利因素的影响，工业增加值稳步增长，生产和销售保持相对稳定，但部分经济指标仍处于低位，行业持续恢复的基础有待进一步巩固。

一是产能利用率前降后升，生产保持平稳运行。2022 年，我国纺织行业继续坚持高质量发展理念，主要产品的生产基本保持稳定。我国纺织行业的产能利用率呈现前降后升的走势，根据调研，2022 年第一季度，我国纺织行业的产能利用率因为受到新冠疫情反复、物流不畅的影响仅为 50%左右，此后持续回升，截至 2022 年年末已超过 70%，超过 20%的样本企业的产能利用率超过 90%。据中国纺织工业联合会统计，2022 年，我国产业用纺织品行业的纤维加工总量达到 1960.1 万吨，同比增长 1.1%。作为我国产业用纺织品的主要原料，非织造布的产量为 813.5 万吨，同比下降 0.8%。

二是成本高企，经济承压运行。国家统计局的数据显示，2022 年，我国产业用纺织品行业规模以上企业的营业收入与 2021 年同期基本持平；利润总额同比下降 8.9%；营业利润率为 4.7%，同比下降 0.5 个百分点，营业利润率正处于近年来的低点。分行业来看，2022 年，我国非织造布行业承压运行，规模以上企业的营业收入和利润总额分别同比下降 0.7%和 24.9%，毛利润率和营业利润率分别同比下降 1.6 和 1.2 个百分点。受益于"露营经济"的快速发展，我国篷、帆布行业保持着良好的发展势头，规模以上企业的营业收入和利润总额分别同比增长 0.2%和 16.6%，毛利润率和营业利润率分别达到 17.2%和 6.5%，均为行业最高水平。

三是投资意愿趋弱，高质量投资力度加大。新冠疫情的暴发使我国非织造布行业的产能大幅提升，目前仍然处于产能释放周期。自 2022 年以来，我国非织造布行业企业投资扩产的热度持续降温，部分企业取消或推迟了 2022 年确定的产能投资计划。据中国纺织工业联合会估算，2022 年，我国非织造布行业企业的固定资产投资额同比下降约 10%。关于 2023 年的投资计划，中国纺织工业联合会的调研结果显示，样本企业的投资意愿普遍有所减弱，约六成企业在 2023 年没有新项目投资计划；但在有投资意向的样本企业中，对既有设备升级改造、厂房建设、智能化和绿色化改造方面的投资比例达到 66.2%。

四是进出口增速下降，主要出口产品价格上涨。在出口方面，根据中国海关的数据，2022 年，我国产业用纺织品行业的出口额为 441.5 亿美元。从出口额来看，在新冠疫情下逆势增长的"露营经济"刺激了我国产业用纺织品行业相关产品的出口，产业用涂层织物、毡布/帐篷是目前我国产业用纺织品行业前两大出口产品，2022 年的出口额分别达到 49.9 亿美元和 44.3 亿美元，分别同比增长 16.7%和 0.9%。在进口方面，根据中国海关的数据，2022 年，我国产业用纺织品行业的进口额为 61.3 亿美元，同比下降 15.9%。近年来，随着国内卫生用纺织品企业的竞争力不断提升，消费者对国产品牌的认可度进一步提升，我国对一次性卫生用品的进口需求持续下降，2022 年的进口额降幅达到 32.6%。

2023 年是全面贯彻落实党的二十大精神的开局之年，是实施"十四五"规划承上启下的关键一年。当前，单边主义和保护主义蔓延、通胀高企、地缘政治博弈使世界经济复苏面临更大的制约。国内经济恢复的基础尚不牢固，仍然面临需求收缩、供给冲击、预期转弱三重压力。

展望 2023 年，外部环境依然严峻、复杂，但我国经济长期向好的基本面没有变，全年经济运行有望总体回升，优化疫情防控措施、存量政策和增量政策叠加发力，将给我国产业用纺织品行业的平稳运行带来重大积极影响。

需要关注的是，自新冠疫情暴发以来，我国产业用纺织品行业经历了高速增长、回落调整、逐步趋稳等阶段，在此期间，行业加速洗牌，"整合"与"离场"并行。随着近年来企业经营分化格局持续加深，2023 年，我国产业用纺织品行业或将迎来新一轮整合期。

预计 2023 年我国产业用纺织品行业生产和销售的增速将会恢复至 5%左右，盈利能力有所提升；我国产业用纺织品行业固定资产投资的重心将向设备升级、智能化改造及绿色制造等方面转移；我国产业用纺织品行业出口有望迎来复苏。

资料来源：中国纺织工业联合会。

第五节 电池

2022 年我国储能电池行业市场回顾及 2023 年发展前景预测分析

2022 年是我国储能电池行业高速发展的一年，实现了全年出货量增速第一、电力储能电池交付项目数量第一。展望 2023 年，我国储能电池行业仍将呈现快速增长的态势，市场规模有望突破千亿元。

一是储能电池的出货量增长强劲。2020—2022 年，我国储能电池的出货量增长迅猛。尤其是 2022 年，由于俄乌冲突导致的欧洲能源危机，叠加国内电力市场改革，我国储能电池的出货量延续了上一年强劲增长的势头，全年储能电池的出货量达到 130GWh，同比增长 170.8%。

二是储能电池细分产品出货量大幅增长。从细分市场来看，电力储能电池的出货量最大达 92GWh，占比为 70.8%；户用储能电池紧随其后，出货量为 25GWh，占比为 19.2%；通信储能电池的出货量为 9GWh，占比为 6.9%；便携式储能电池的出货量为 4GWh，占比为 3.1%。

三是储能电池新增装机量上升至新台阶。我国储能电池在 2017 年 0.3GWh 新增装机量的基础上，于 2021 年实现了 5.8GWh 的新增装机量。在国家能源转型及"碳中和"战略背景下，储能电池是电力系统改革和新能源电力建设的重要组成部分，2023 年上半年，我国新增新型储能电池装机量同比增长超过 100%。

四是储能电池行业的竞争较为集中。我国储能电池行业的竞争较为集中，头部效应明显。2021 年，我国储能电池的出货量达 48GWh，同比增长 2.6 倍，宁德时代的储能电池市场份额为 59.7%，比亚迪的储能电池市场份额为 16%，中创新航的储能电池市场份额为 4.3%，国轩高科的储能电池市场份额为 4%。

五是储能电池项目投资大幅增加。自 2022 年以来，我国储能电池行业投资扩张趋势明显，重点企业不断扩产建设储能电池项目。统计发现，储能电池主要新增产能仍以宁德时代、亿纬锂能、中创新航等头部企业为主，并且投资规模都有所扩大，投资金额高达上百亿元。

储能电池行业有以下发展前景。

一是"双碳"助力我国储能电池行业发展。在"双碳"背景下，加大力度推广新能源已成为大趋势。由于新能源发电存在供应随机、发电功率不稳定、并网困难等问题，因此发展新能源储存技术尤为重要。国家发展改革委和国家能源局联合印发《"十四五"新型储能发展实施方案》，提出到 2025 年，新型储能由商业化初期步入规模化发展阶段，具备大规模商业化应用条件。这将会是我国储能电池行业发展的一大机遇，我国储能电池将在新型储能产品中占据主导地位。

二是 5G 基站拉动储能电池需求。5G 基站是 5G 网络的核心基础设备，一般采用宏基站与微基站搭配使用的模式，由于能耗为 4G 时期的数倍，因此需要能量密度更大的锂电储能系统，其中在宏基站内可采用储能电池，充当基站应急电源并发挥削峰填谷作用。随着 5G 基站进入大规模集中建设期，储能电池需求将大幅增长。

三是储能电池行业将成为拉动储能行业的主要细分行业。随着锂离子电池成本快速下降，预计到 2030 年其装机成本将不断下降。锂离子电池成本下降速度超过预期，使其在多个主要能源市场成为天然气发电厂的有力竞争对手，预计电化学储能将成为我国储能装机容量的核心增长动力。在此背景下，预计未来储能电池行业将保持快速增长态势，未来几年出货量有望超过 60GWh，市场规模有望突破千亿元，成为拉动我国储能行业的主要细分行业。

资料来源：中商产业研究院。

第十二章

2023 年中国消费品工业发展形势展望

一、整体运行趋势

（一）生产规模保持平稳增长，不同行业的增速将有所分化

2023 年，预计消费品行业的工业增加值将在现有基础上继续恢复，不同行业有所分化，受外需拉动，预计化学纤维制造业、橡胶和塑料制品业、造纸及纸制品业的增速较 2022 年有所提升；由于内外需持续低迷，预计家具制造业继续保持负增长。同时，随着消费需求的进一步释放、产品库存逐步消化，主要产品的产量有望得到一定提升，保持稳中向好的恢复态势。

（二）出口贸易整体稳中向好，部分高增长行业的增速趋降

2023 年，我国消费品外贸环境依然复杂、严峻，主要进口国通胀压力较大、内需不振，同时，RCEP（Regional Comprehensive Economic Partnership，《区域全面经济关系协定》）等区域贸易协定的签署有望推动外贸市场多元化发展。分行业来看，预计食品工业三大子行业及纺织业、

纺织服装服饰业的出口交货值将保持一定程度的增长；木材加工及木竹藤棕草制品业、家具制造业由于需求低迷，继续保持负增长，降幅将有所减小；受海外需求拉动，造纸及纸制品业、化学纤维制造业、橡胶和塑料制品业仍将保持相对较快增长，增速较 2022 年将有所下降，医药制造业的出口交货值较 2022 年保持相当水平或小幅降低。

（三）投资呈现良好增长势头，消费活力有望进一步得到提振

2023 年，国家促消费、稳增长政策加力增效，将在一定程度上推动投资消费回暖。国家出台多项措施鼓励发展消费新业态新模式，加快形成高质量供给，有助于推动消费回暖、升级，进一步优化疫情防控的二十条措施指导各地的疫情防控更加精准，缩小不必要的场所封闭管理范围，将为线下消费注入更多信心和活力。预计 2023 年固定资产投资、产品零售将进一步稳中向好发展，其中服装鞋帽针纺织品类、通信器材类产品零售额的增速有望由负转正，新冠疫苗、消杀用品等防疫产品的零售额预期趋降，食用植物油、面/米制品等耐贮存食品的消费逐步回归合理水平。

（四）受地缘政治因素的影响，部分领域受国际市场环境的影响较大

经合组织预计 2023 年全球经济的增速将放缓至 2.2%，欧美等主要出口市场的经济陷入滞胀的风险上升，居民消费意愿不振。此外，国际物流秩序有待恢复，外贸运输成本依然较高，订单不确定性风险仍然存在。2023 年，我国对外依存度较高的一些产业需警惕国际市场价格上涨、贸易量萎缩等推高产品生产成本的风险。近年来，美国联合其盟友持续推进供应链"去中国化"，2022 年 9 月，拜登政府签署生物技术和生物制造计划行政命令，计划采取一揽子举措，确保美国在生物制造领域的领导力和竞争力、减少对我国的依赖。2023 年，我国需持续关注在食品、生物医药、高端器械等相关行业的部分产业链环节被动脱钩的问题。

二、生物医药行业发展形势展望

（一）营业收入有望恢复常态增长，生物药子行业或将领涨

2023 年，受生物制药原料价格上涨、医保政策调整等因素的影响，生物医药行业发展的不确定性风险仍然存在。随着疫情防控形势的变化，前期受到抑制的医药需求将逐步被释放。生物医药行业的重心由制造转向新药研发等，结构转型升级调整稳步实现。生物医药行业的营业收入和利润将回归常态增长，预计增速在 5%左右。预计 2023 年现有高价值国产抗肿瘤新型抗体药物的应用将更为广泛，新型核酸药物、重组蛋白药物，细胞、基因治疗产品不断获批上市，生物药子行业的营业收入及市场规模在生物医药行业中的占比有望继续提升，营业收入将保持 18%左右的增速，利润在生物医药行业利润总额中的占比将达到 45%左右。

（二）创新药成果继续增长，一类新药数量持续增加

2023 年，全球生物医药新药市场将继续增长。在我国鼓励创新的大背景下，我国医药业的研发投入将不断增加，预计在内外产业环境利好的情况下，我国生物医药创新将进入快车道，企业产品在研管线不断拓宽，生物医药研发投入、在研新药数量均将呈现大幅增长，完成临床研究申报上市品种继续增多，获批创新产品数量呈现增长态势，获批上市一类新药数量有望增长至 40 款。

（三）出口形势稳中向好，恢复增长态势

近两年在新冠疫情的催化下，生物医药产品尤其是人用疫苗和部分医疗设备的出口情况较好，实现自 2019 年（新冠疫情暴发前）年复合增长率 20%以上。2023 年，在后疫情时代，海外对新冠疫情的防控已逐渐进

入新常态，与防疫相关的药品、物资及医用设备需求减少，如预计新冠疫苗、口罩、呼吸机等产品的出口需求会减少。预计常规业务会逐步复苏，新冠疫情给全球公共卫生体系带来了巨大的挑战，部分国家积极开展医疗补短板工作，将会带来常规品种药品、物资及医疗设备的出口需求增加，预计 2023 年生物医药行业的出口交货值的增速将保持在 6% 左右。

（四）国内外形势依然复杂，潜在风险和影响长期存在

2023 年，受国际地缘政治因素的影响，全球局势复杂多变，预计发达国家的经济增速将下降，贸易形势不容乐观，世界经济增长正在趋缓。随着各国逐渐放宽疫情防控措施，防疫类产品需求将持续减少，医药出口将恢复至新冠疫情暴发前的水平。美国生物技术和生物制造行政命令的潜在风险和长期影响不容忽视，我国需要密切关注政策演变并积极应对。有利因素是国际之间的人员往来不再受到疫情防控措施的限制，出国交流、抢夺订单为出口贸易带来活力，之前受到冲击的生物医药供应链也趋于稳定。国家将出台一系列稳定经济增长的政策措施、全面实行股票发行注册制改革、将创新药及时纳入医保目录，这一系列举措将有利于生物医药企业健康发展。

后　记

　　为全面展示过去一年国内外消费品工业的发展态势，深入剖析影响和制约我国消费品工业发展的因素，展望未来一年的发展形势，我们组织编写了《2022—2023年中国消费品工业发展蓝皮书》。

　　本书由秦海林担任主编，代晓霞、李博洋负责书稿的组织编写工作，王旭（第一章）、陈娟（第二章）、于娟（第三章）、魏国旭（第四章）、许靖（第五章）、王曦（第六章）、杨俊峰（第七章）、陆安静（第七章）、路煜恒（第七章）、李帅焜（第八章）、凌黎明（第九章）、曹慧莉（第十章）、李磊（第十一章）、代晓霞（第十二章）等参与了书稿的编写工作。在本书的编写过程中，我们得到了工业和信息化部消费品工业司的何亚琼司长等诸位领导的悉心指导和无私帮助，在此表示诚挚的谢意。

　　本书聚焦于消费品工业的发展，我们希望本书的出版能为消费品工业的行业管理提供一定的指导和借鉴。

中国电子信息产业发展研究院

赛迪智库

面向政府·服务决策

奋力建设国家高端智库

诚信　担当　唯实　创先

思想型智库　国家级平台　全科型团队
创新型机制　国际化品牌

《赛迪专报》《赛迪要报》《赛迪深度研究》《美国产业动态》

《赛迪前瞻》《赛迪译丛》《舆情快报》《国际智库热点追踪》

《产业政策与法规研究》《安全产业研究》《工业经济研究》《财经研究》

《信息化与软件产业研究》《电子信息研究》《网络安全研究》

《材料工业研究》《消费品工业研究》《工业和信息化研究》《科技与标准研究》

《节能与环保研究》《中小企业研究》《工信知识产权研究》

《先进制造业研究》《未来产业研究》《集成电路研究》

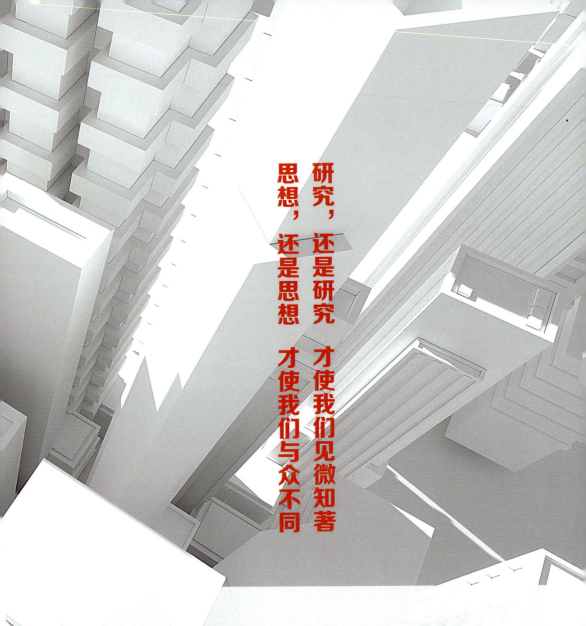

研究，还是研究　才使我们见微知著

思想，还是思想　才使我们与众不同

政策法规研究所　规划研究所　产业政策研究所（先进制造业研究中心）

科技与标准研究所　知识产权研究所　工业经济研究所　中小企业研究所

节能与环保研究所　安全产业研究所　材料工业研究所　消费品工业研究所　军民融合研究所

电子信息研究所　集成电路研究所　信息化与软件产业研究所　网络安全研究所

无线电管理研究所（未来产业研究中心）世界工业研究所（国际合作研究中心）

通讯地址：北京市海淀区万寿路27号院8号楼1201　邮政编码：100846
联系人：王　乐　　　　联系电话：010-68200552　13701083941
传　真：010-68209616
电子邮件：wangle@ccidgroup.com